SÁNCHEZ PUERTO,
TRES LÍNEAS CON ARTE

SÁNCHEZ PUERTO, TRES LÍNEAS CON ARTE

Julio César Sánchez

BIBLIOTECA DE AUTORES MANCHEGOS
DIPUTACION DE CIUDAD REAL

Primera edición: 2025

Edita: Servicio de Cultura. Diputación Provincial
Biblioteca de Autores Manchegos (BAM)
Plaza de la Constitución, 1. 13001 Ciudad Real
Tlf.: 926292575
Web: www.dipucr.es

Cubierta: BAM. Sánchez Puerto en la puerta de cuadrillas de la plaza de
toros de Ciudad Real.

Coordinación editorial: Jesús Reviejo
Colección General, número 247

Imprime: Lince Artes Gráficas
ISBN: 978-84-7789-421-6
Depósito Legal: CR-52-2025

Impreso en España

A los que gustan del toreo bueno.

ÍNDICE

PRÓLOGO

Recordar es volver a vivir; eso dicen. Por ello, cuando se van cumpliendo años, resulta gozoso echar la vista atrás y rememorar momentos que produjeron en nosotros sensaciones de intensidad seductora. Y en este sentido el toreo es, junto con la música y la literatura, la disciplina artística que mayores deleites ha proporcionado al firmante de estas líneas.

El primer recuerdo taurino del que guardo memoria es un festejo al que acudí en compañía de mis padres durante el año y medio que establecimos nuestra residencia en Cáceres. Estamos hablando de mediados de los años 70 del siglo pasado.

Por supuesto, con apenas cuatro años en aquel momento, no conservo la más remota idea de quién toreó, aunque en mi memoria sí perduran las imágenes de aquella tarde soleada en la que unas tablas sin pintar nos separaban del ruedo.

Después, ya en Ciudad Real, continué echando leña al fuego de la afición por los toros disfrutándolos en las añoradas –y otrora frecuentes– retransmisiones en directo de la televisión pública estatal junto a mi madre, también aficionada, quien permanecía en casa al cuidado de sus cuatro retoños, mientras el cabeza de familia –más aficionado aún–, con esfuerzo, sacaba adelante a su numerosa prole.

Sin embargo, de vez en cuando, mi padre, trabajador de la Diputación Provincial de Ciudad Real y esporádico fotógrafo taurino, llegaba a casa trayendo consigo un preciado botín en forma de entrada de toros; fundamentalmente con ocasión del tradicional festejo de Beneficencia organizado por la propia Diputación en la capital manchega.

En varias de aquellas ocasiones, y en alguna feria de agosto, tuve la oportunidad de ver a Antonio Sánchez Puerto en el coso de la Glorieta de Juan Pérez Ayala. Mas una de ellas fue la que me marcó de manera indeleble.

Fue la tarde del 18 de agosto de 1995.

Aquel día, el protagonista de este trabajo maravilló a los allí presentes ejecutando con sobria belleza esa suerte de trágico y armónico baile a compás en que a veces se convierte el toreo.

Antonio, ciudarrealeño de nacimiento, criado en el entorno de Cabezarrubias del Puerto (Ciudad Real), quien siempre llevó a gala su origen manchego, cortó dos orejas (con petición de rabo) a un toro de Peralta para el que se pidió el indulto, no concedido por el palco.

Poco importa ahora aquella doble negativa del presidente de la corrida. Lo verdaderamente relevante, lo distintivo, fue la exaltación provocada por un torero que desbocó su sentir artístico para delectación propia y ajena.

Muchos de los que lo presenciamos no lo hemos podido –ni querido– olvidar, aunque no recordemos con detalle si el trasteo fue de esta o aquella manera. Pero sí perdura, nítidamente, el ambiente de emotiva efusividad que se vivió en la plaza, y el sentimiento de haber presenciado algo extraordinario.

***

Desde aquel día admiré profundamente a Antonio Sánchez Puerto; un hombre que, vestido de nazareno y oro con remates en negro, fue capaz de emocionar, de levantar de sus asientos pétreos a los que gozamos de aquella faena, armonizando sus movimientos con los de un toro, creando una obra de arte que nacía y se desvanecía al mismo tiempo, efímera e irrepetible.

INTRODUCCIÓN

No resulta difícil sucumbir al riesgo del panegírico al glosar la vida de alguien a quien se admira, como es el caso que nos ocupa. Es algo así como no pasarse en el juego de las siete y media; siempre intentas acercarte lo más posible a la cifra deseada, al ideal, aunque algunas veces te quedes corto y, las más de ellas, te pases de largo.

En el trabajo que tienen en sus manos intentaremos, en cualquier caso, que la «pasada», si se produce –y seguramente así sea–, no caiga en el vicio del exceso intolerable.

Como inicio a esta narración, encontramos fundamental el declarar que Antonio Sánchez Puerto, sujeto protagonista de esta obra, es ante todo un artista. Un creador que, como debe ser en gentes de su condición, muestra tanto orgullo como falta de vanidad. Un torero. O como diría Joaquín Vidal: «Todo un torero». Así tituló el crítico del diario *El País* la primera crónica taurina aparecida en este rotativo.

La fecha de publicación del mismo fue el 4 de mayo de 1976, dos días después de la brillante presentación con picadores de Antonio Sánchez Puerto en la plaza de toros de Las Ventas de Madrid.

Por tanto, fue el nombre del ciudarrealeño el primero que, circunstancialmente, ocupó las páginas taurinas del citado diario de la mano de Vidal, quien no ocultaba su especial predilección por el torero manchego, como tendremos ocasión de comprobar con posterioridad en varias de sus citas y crónicas.

Sin embargo, aun tratándose de «todo un torero», no podremos afirmar que la trayectoria de Sánchez Puerto se haya acercado al rango de figura del toreo. Acumuló siete orejas en Las Ventas (dos en un festival, una como novillero con picadores y cuatro como matador de toros), y dio seis vueltas al ruedo madrileño. Ello puede inclinarnos a pensar que, con un leve apoyo de la diosa fortuna, alguna puerta grande más podría haber acumulado además de la conseguida en agosto de 1986, y quien sabe si, quizás, podría haber alcanzado tan anhelado estatus.

No osaremos proclamar, por tanto, que la carrera de Antonio Sánchez Puerto haya supuesto páginas y páginas de trascendencia en la muy extensa historia del toreo. En realidad, apenas han sido tres líneas, pero con arte. Y como creemos que tal circunstancia define su carrera, optamos por titular el presente trabajo con esta aseveración

En los festejos en los que a lo largo de su carrera profesional ha tomado parte Sánchez Puerto, con envidiables virtudes y, como todo hijo de vecino, forzosos defectos, Antonio se ha granjeado algo tan meritorio de alcanzar como es el sincero reconocimiento de quienes lo vieron torear, ya fueran aficionados, críticos taurinos o profesionales, como queda patente en la entidad de las firmas que han tomado parte en esta obra, y que dan fe de la categoría artística del biografiado.

Ellos también forman parte de esa masa minoritaria, pero verdaderamente entendida, que pone en valor a un torero en función de su cualidad profesional real, dejando a un lado cualquier otro «logro» que no añada a su currículo contenido de peso taurino. Figura no es solo el que, como se dice, paga la segunda finca, sino el que goza de la admiración de sus iguales.

Nos inclinamos a pensar que la dimensión profesional de todo torero, como la de cualquier otro artista que tal se considere, debiera apreciarse por su rango cualitativo, no por su cantidad productiva, porque es el fondo y no lo superfluo lo que distingue lo sobresaliente de lo corriente. Y en el caso de Sánchez Puerto, la calidad sobrepasa, claramente, a la cantidad. Ese es, podríamos decir, su principal rasgo diferenciador.

No tuvo reparos Antonio en tirar por la calle de en medio si su antagonista no le brindó las cualidades mínimas para desarrollar su personal concepto de toreo. Cierto tipo de toreros siempre estuvieron reñidos con la regularidad –la cual puede llegar a aburrir–, o con los trasteos voluntariosos. Las broncas toreras también requieren de valor para aguantarlas; de hecho creemos que, ocasionalmente, pueden llegar a tener enjundia, y desde estas líneas incluso las reivindicamos.

Sánchez Puerto, en su personal sentido de la tauromaquia, tuvo como objetivo fundamental torear al toro, no al público, y prefirió los pitos o la incomprensión antes que la renuncia a sus principios éticos toreros, huyendo de un toreo pundonoroso de mediocre justificación que, en su sentir, no aportaba enriquecimiento personal o artístico ni a él mismo ni a los espectadores asistentes.

A este respecto nos parece oportuno exponer que la capacidad del humano para crear o apreciar el arte no depende únicamente de la «frialdad» de su intelecto, sino de la facultad emocional de su espíritu, por lo cual no todos percibimos y estimamos un idéntico hecho artístico con la misma intensidad o apreciación, lo que convierte la contemplación artística vivida en una experiencia única e intransferible que pudiera coincidir, o no, con la del prójimo.

Lo que Antonio persiguió en su ideal como torero, como artista, fue conducir con armonía las violentas sacudidas iniciales de sus oponentes, neutralizar su ímpetu; convertir, como apuntó Bergamín, por medio del temple, el huracán que suponen las caóticas acometidas en suave brisa, valiéndose de movimientos armonizados, cadenciosos, dictados por el instinto y la sapiencia de un ser intelectualmente superior, que busca acariciar las embestidas, hacer al toro perseguir el capote o la muleta, produciendo en él una especie de obnubilación al ir tras las telas, que engañan sin mentir. Ese fue su anhelo; su Dulcinea; aquello que persiguió como quimera a veces casi tangible.

***

Respecto a la estructura de la obra que tienen entre sus manos, esta viene marcada por sucesos de especial relevancia en la trayectoria vital y profesional de Antonio Sánchez Puerto, agrupados atendiendo a su nacimiento y despertar taurino, la primera oreja como novillero con picadores en Las Ventas en 1976, su salida a hombros de la misma plaza diez años más tarde, la actuación frente a toros de Victorino Martín en Madrid en junio de 1989, la antes referida faena al toro de Peralta en Ciudad Real en 1995, y el «reencuentro» de 2006, finalizando con capítulos que hacen referencia a las cogidas sufridas por el diestro manchego, el disfrute que supone saborear su toreo en el campo, y un análisis final de lo que fue –y sigue siendo– su personal concepto del toreo.

No encontrarán en el cuerpo de este texto crónicas completas sobre las actuaciones de Sánchez Puerto. De este modo pretendemos evitar que la narración se vea ralentizada por inserciones externas más o menos extensas.

En cambio, tampoco creemos atinado omitir las opiniones de la crítica taurina vertidas sobre papel –y más recientemente en formato digital– con respecto a los festejos que, por uno u otro motivo, rindan un contenido especial en la carrera del torero ciudarrealeño, por lo que las más representativas se han recopilado y ordenado cronológicamente en el apéndice que sirve de epílogo a este trabajo.

Estas actuaciones, entre otras, poseen un significado especial en la trayectoria vital y profesional de Antonio Sánchez Fernández. No obstante, en su transcurso tuvieron lugar acontecimientos que nutren el recorrido como artista del torero de Cabezarrubias del Puerto. Y a dar cuenta de ello nos disponemos a continuación.

DESPERTARES Y PRIMEROS PASOS

Antonio Sánchez Fernández vino al mundo a mediados del pasado siglo en un lugar de La Mancha cercano a Cabezarrubias del Puerto, localidad distante medio centenar de kilómetros en dirección sur desde Ciudad Real, en pleno Valle de Alcudia, paraje eminentemente ganadero y, en menor medida, minero y agrícola, por el que deambuló Cervantes en su dilatado trasiego vital entre Madrid y Andalucía como recaudador de impuestos para la Corona, en un tiempo en el que el paso de Despeñaperros, abierto al tránsito hacia el año 1779, no se encontraba en uso, y sí el llamado Camino Real, que atravesaba el citado valle.

Paraje del Valle de Alcudia de marcada carga sentimental para Antonio Sánchez Puerto.

Sin embargo, el lugar de nacimiento de un creador no siempre tiene que ver con el signo expresivo de sus creaciones, y el ambiente rústico del precioso Valle de Alcudia, en el que las fuentes naturales brotaban por doquier, no condicionó negativamente el sentir artístico de quien se convertiría, pasados los años, en torero de caudalosas calidades plásticas. Al contrario. Si bien la prosa parece arraigar mejor en los laberintos de las urbes, la poesía, por ende, tiende a fluir más cómodamente en la naturaleza, en la armonía del campo. Y el toreo de Sánchez Puerto siempre se asemejó más al verso que a lo prosaico.

Antonio resultó ser el más pequeño de siete hermanos nacidos del matrimonio formado por Víctor Sánchez Usero y Eufemia Fernández Martín, cabezas visibles de una familia de vida esforzada y carente de veleidades, que basaba su sustento en el campo, y cuya actividad se circunscribía a la zona de influencia de la aldea de La Bienvenida; una época agreste, de apabullante calor en verano e implacable frío en invierno, de aullidos nocturnos de lobos, y feroces jornadas de trabajo de sol a sol, en la que las comodidades de vida actuales eran cercanas a la ciencia ficción. De hecho, poco exageraremos afirmando que España, algo más de cien años ha, era casi medieval en sus costumbres y modo de vida, distando enormemente de las prosperidades de hoy día. En las calles los niños jugaban al toro, las casas ofrecían sus puertas abiertas y, a pesar de la escasez imperante, se respetaba lo ajeno, tan trabajosamente ganado. Tiempos duros aquellos, pero también más fraternos.

Fue en los años 50 cuando, gradualmente, se fue allanando –aunque no acabando– con la penuria que, para pesar de nuestros abuelos, llegó a ser uno de los principales perfiles de este país; quizás su misma alma en realidad.

El propio Antonio arrimó el hombro desde pequeño pastoreando ganado en ese maravilloso enclave alcudiano. También –como hiciera el célebre Cagancho– trabajó en una fragua, la de su cuñado Pepe, quien fuera alcalde de Cabezarrubias durante más de veinte años, donde el joven Antonio, que por aquel entonces contaba con apenas once primaveras, templó sus muñecas

De izquierda a derecha, Eufemia (madre de Sánchez Puerto), Antonio, Máxima, Víctor (padre), Filomena y Víctor. Fotografía tomada el día de las Candelas de 1953.

con yunque y martillo, echándose al hombro, con total naturalidad –como ocurría en aquellos tiempos– trabajos propios de adulto.

Víctor y Eufemia tuvieron una numerosa prole, casi impensable hoy día. Nada menos que siete vástagos. Citados por orden de antigüedad: Paulino, Victoriana, Eufemia, Filomena, Máxima, Víctor y Antonio. Pero fueron los dos últimos, Víctor (padre del matador de toros Víctor Puerto) y el propio Antonio, quienes posteriormente sentirían la punzante llamada del toreo en su interior.

De izquierda a derecha, Victoriana, Paulino y Eufemia.

Según cuentan algunas plumas, como es el caso de Paco Aguado en su magnífico libro *El Rey de los toreros. Joselito El Gallo,* el genio sevillano dio sus primeros pases a un animal cuadrúpedo cuando en la Alameda de Hércules, en compañía de su pandilla de incipientes maletillas, toreaba a la perra de un amigo, de nombre *Diana.*

Algo parecido practicó Antonio manejando un abriguillo al que unía un trozo de pan, con el que, finalmente, en aquellos atardeceres, logró que le «embistiera» un perrillo de nombre *Tizón*, dibujando sus primeros lances ejecutados ante un animal vivo, como contrapunto a los sempiternos lances al viento que dibujamos –furtivamente– la práctica totalidad de los que nos consideramos aficionados.

Después de estos episodios anecdóticos con *Tizón*, llegaron los primeros encuentros visuales directos con animales de lidia. Tanto su hermano Víctor como Antonio, desde pequeños, abrigaron y desarrollaron el deseo de ponerse delante de un animal bravo.

Las primeras letras taurinas que, con observación, pudo retener nuestro protagonista, se produjeron en los festejos populares y de promoción que se celebraban en la plaza de toros de Puertollano, cabeza de partido de la zona, o de su propio pueblo de Cabezarrubias del Puerto a finales del mes de julio, coincidiendo con la festividad de San Pantaleón, fecha en la que los toreros intervinientes, fieles a su estilo personal, intentaban desarrollar su sentir lidiador y artístico de la mejor manera que les era factible.

Allí, en la plaza de su pueblo, surgió la fascinación por el toreo; en unas capeas que sirvieron como alimento para nutrir esa pasión que a Antonio y su hermano les bullía dentro.

Cabezarrubias del Puerto.

En aquellas festivas ocasiones de esparcimiento que reportaban las contadas cargas de contento –frente al diario de sudores y carencias materiales–, Antonio vio lidiar las vacas (posiblemente del vecino Ezequiel) a Modesto Prado, Andrés Mora, Antonio Galán, Angelín, José Ignacio y Victoriano de la Serna, grandes amigos y –al igual que Modesto Prado, Ángel Rodilla «Angelín» y Galán– algunos de ellos, pasado el tiempo, banderilleros en la cuadrilla del torero ciudarraleño.

Estos festejos, y una espiritualidad que prendía en el interior de Antonio, le empujaron a perseguir el sueño de ser torero, algo que él mismo afirma es, cuanto menos, un misterio. No se sabe bien por qué llama a la puerta de los sueños, pero llega como la ilusión de un primer amor. Se torea a los cuatro vientos haciendo faenas gloriosas basadas en la fantasía, que desembocan en la realidad, la cual, si bien afianza ilusiones, también manifiesta la dureza de tal vocación, que solo se conquista si verdaderamente te enamora el toreo.

Como adición en este sentido, sobrecoge escuchar el relato de los días en los que el torero refiere sus jornadas en los prados alcudianos, una especie de *locus amoenus* de novela pastoril, con sus maravillosas primaveras, sus lentas salidas de sol y, horas más tarde, lustrosos atardeceres, con los resplandores rosa fucsia en las crestas de los cerros, el color de los lirios, el verdor de las encinas, quejigos, madroños, y el contraste del tono nazareno de la flor del brezo que se mezcla con el canto de los pájaros.

Primavera en el Valle de Alcudia.

Y cómo, en sus largas horas al cuidado de su rebaño, enfrentado al misterio de su destino, observaba las sierras sureñas en lontananza, y se imaginaba cómo sería la muy taurina Córdoba, ciudad de la que tanto había oído hablar, pero en la que nunca había estado hasta ese momento.

Según su narración, cuando, pasados los años, tuvo la ocasión de pasear por las calles de la ciudad de la Mezquita, de admirar sus patios abiertos, no hizo falta que nadie le indicara dónde estaban sus rincones taurinos. Una íntima brújula le llevó hasta su coso taurino o al Cristo de los Faroles. Siguiendo sus palabras: «No había estado allí nunca de manera física; pero sí mental y espiritualmente. Tantas veces…».

La vida del futuro torero tomó un drástico giro en 1964, año en el que los Sánchez Fernández, como muchos otros hicieran antes y harían después, por exigencias del guion vital, tomaron camino a la capital de España en busca de un mejor porvenir.

Madrid les esperaba. Concretamente al barrio de Peñagrande, por aquel entonces un vecindario de aspecto muy distinto al actual, por el que discurría un arroyo conocido como «El Canalillo», que hacía las veces de lugar de baño para la chiquillería.

Los primeros en tomar camino de la gran urbe fue el matrimonio formado por su cuñado Pepe y su hermana Eufemia, que poco a poco fueron impulsando al resto de la familia. Antonio recuerda como curiosidad que fue su hermana Máxima quien lo recogió del pueblo para llevarlo a Madrid.

Fue el 2 de febrero de 1964, día indeleblemente registrado en la memoria de Sánchez Puerto, y coincidente con la celebración de la Virgen de las Candelas.

El impacto emocional que, a buen seguro, experimentó aquel adolescente al encontrarse en Madrid debió ser de notable trascendencia personal.

Allí, en los últimos estertores del Madrid costumbrista de Antonio Díaz Cañabate, el de tan solo dos líneas de Metro (las cuales tomaba Antonio desde Peñagrande para ir a los toros tanto a Las Ventas como a Vistalegre), tranvías circulando por las calles y humeantes calefacciones de carbón, tanto Antonio como Víctor pronto procuraron hacerse un hueco en el ambiente taurino.

Un ambiente radicado, fundamentalmente, en la Casa de Campo, tradicional rincón de concentración de toreros como lugar de entrenamiento en la capital. También en la zona comprendida entre la calle de la Victoria y la plaza de Santa Ana, que se alzaban como centros neurálgicos de los entresijos del toreo en unos tiempos no tan lejanos.

Calle de la Victoria, mentidero taurino madrileño en los años 60 del pasado siglo.

En aquellas primeras visitas tanto a Las Ventas como a Vistalegre, Antonio empezó a absorber los gustos de la afición madrileña en sus dos plazas de referencia, lo cual le serviría para, en el futuro, complacerlas artísticamente.

Sin embargo, al año siguiente de llegar a Madrid, 1965, Antonio iba a sufrir una inesperada fatalidad, una repentina amputación que aún hoy día –según él mismo admite–, a pesar del tiempo transcurrido, le pellizca dolorosamente: su madre se fue apagando poco a poco hasta fallecer.

Él mismo sigue reconociendo que es la imagen de su madre la que despunta en su memoria cuando vuelve la mirada hacia su infancia.

Aquel doloroso suceso aceleró, a su pesar, la consecución de la inesperada madurez adelantada que experimenta todo aquel que pierde a un ser de relevancia máxima como es un padre o una madre en los albores de la adolescencia.

***

El primer muletazo que Antonio pudo dar se produjo en una finca cercana a San Sebastián de los Reyes, en el año 1966, en el transcurso de una fiesta campera.

Allí, nervioso por la oportunidad, consciente y temeroso de los muchos ojos que le observaban, ante una becerra, el incipiente torero acertó a darle un derechazo que sorprendió tanto a él mismo como a los que presenciaban la ocasión.

En un instante, el mozalbete de Cabezarrubias pasó de soñar el toreo a sentirse ya torero.

A raíz de aquel fugaz aunque palpitante fogonazo, empezó a deslumbrarle, ya sin remisión, la pasión por el toreo, y comenzó a subyugarle esa imagen semejante a la del mar, radiante de belleza en su superficie, pero que bajo su manto visible esconde todo un universo propio, a menudo tumultuoso e intrigante. Porque en la vida, como en los campos de su niñez, no solo hay primaveras; el severo invierno es la cruz de la misma moneda.

Desde entonces el «veneno» del toreo le invadió de manera irreversible, y derivó sus ardores, primordialmente, al toreo de salón, a falta de más ocasiones que le permitieran ponerse delante de dos pitones reales, algo que, por aquellos entonces resultaba *rara avis*.

En aquel nuevo espacio físico y temporal madrileño, Antonio se embarcó en la búsqueda de oportunidades que le permitieran expandir su vocación torera.

Empezó a acudir a tentaderos, pero no como invitado, sino como aficionado; es decir, saliendo a torear alguna becerra después de que el torero encargado de su lidia hubiera terminado su labor ante ella. Y, como se podrá suponer con acierto, en la mayoría de las ocasiones, las arrancadas de los animales, a esas alturas, ya escaseaban.

Sufrió y disfrutó de los viajes a Salamanca en rústicos coches (vistos con la perspectiva actual), y las no pocas peripecias con las que había que bregar antes de hacer *ídem* frente a un pitón en La Carolina jiennense.

Y de este modo, con más instinto que didáctica, el novel fue poco a poco ganando un inicial oficio, forjado a base de no pocos porrazos, en un mundo taurino ciertamente distinto al presente, en el que los novilleros, en las escuelas taurinas, cuentan con más y mejores medios para dominar los principios técnicos básicos de la Tauromaquia.

***

La primera vaca que Antonio recuerda haber toreado de principio a fin, con la ilusión grapada a la piel, fue en la finca del ganadero José Gardé, en 1968, muy cerca de Talavera de la Reina (Toledo).

Aquel día se encontraba presenciando el tentadero José de la Cal, directivo de la Escuela Taurina de Madrid, quien, sorprendido por el desparpajo del torero actuante, recomendó a Rafael Sánchez «El Pipo» (mentor, entre otros, de Manuel Benítez «El Cordobés») hacerse cargo de la carrera del ciudarrealeño.

Sánchez Puerto llegó a acudir a tentar como invitado yendo de la mano de «El Pipo». Así fue como el manchego recuerda verse al lado de Antonio Bienvenida y Paco Camino en una tienta celebrada en la ganadería de Baltasar Ibán.

No obstante, a la hora de plasmar el acuerdo en un contrato, los términos propuestos por el popular taurino cordobés no resultaron convincentes, por lo que finalmente el apoderamiento no se materializó.

Otra anécdota reseñable ocurrida en aquellos comienzos tuvo lugar en la finca de Victorino Martín, en Coria (Cáceres). Se trató de un tentadero al que, de nuevo, Antonio había acudido como aficionado. Sin embargo, algo tuvo que intuir Victorino en aquel prometedor torero cuando, tras verle dar los últimos pases a una becerra, decidió echarle la última vaca para él solo.

Llegados estos albores de 1970, Antonio se había entregado ya, sin reparo, a satisfacer una pasión que se había ido fraguando a fuego lento desde su niñez.

El debut vestido de luces se produjo actuando como sobresaliente, el 10 de mayo de 1970 en Borox (Toledo).

Formaban el cartel su hermano Víctor, quien se anunciaba Víctor Sánchez «El Pastor», y Fernando Cacho «El Extremeño», en un festejo en el que José Ignacio de la Serna, ante su impericia, ayudó al debutante a liarse el capote de paseo. Los cuatro novillos lidiados fueron de Mariano García de Lora.

***

UN VIAJE A BOROX
José Ignacio de la Serna Ernst*

La mañana de aquel verano era limpia, el aire agradable entraba por las ventanillas del coche de cuadrillas. Íbamos a Borox (Toledo), donde Víctor Sánchez toreaba por la tarde la novillada sin picadores de las fiestas. Habíamos salido de Alcorcón (Madrid) donde la familia de Víctor vino de Cabezarrubias del Puerto –Valle de Alcudia (Ciudad Real)– para abrirse un nuevo camino con su honradez, ilusión y mucha lucha.

Al pasar Seseña y comenzar a bajar la Cuesta de la Reina ya se veía la vega del río Tajo, verde y frondosa, y al fondo Aranjuez. En esta vega había pastado la emblemática ganadería del Duque de Veragua, madre de las ganaderías más famosas del siglo XX. Bordeando la vega entramos en la provincia de Toledo y un cartel de la carretera nos anunciaba Borox.

Borox es conocido sobre todo por haber nacido en él el matador de toros Domingo López Ortega «Domingo Ortega» (25 de febrero de 1906-8 de mayo de 1988), modelo de poderío, temple y suavidad en su toreo, figu-

ra de los años 30, época considerada la edad de oro del toreo de capote (Fernando Domínguez, Curro Puya, Cagancho, Solórzano, De la Serna...). De joven fue jornalero en la finca del Duque de Veragua y pocos años más tarde compraría la finca.

Los banderines y adornos de colores movidos por el viento indicaban que el pueblo estaba en fiestas. Estábamos en Borox. La gente bullía, mayores y jóvenes hablaban alto, bebían, reían, cerca las mozas pasaban en grupo alegres mirando a la juventud cercana.

La casa donde siempre se vestían los toreros tenía el portalón de entrada bajo los tableros del tendido; era espaciosa, sombría, fresca y resguardada del sol cegador de los veranos en Toledo.

Llegó el momento de vestirse los toreros y lo hacían en una misma habitación grande: se vestían todos a la vez, los trajes de luces armados sobre sillas, capotes de paseo, monteras, medias rosas... una policromía de colores e ilusión. Víctor vestía de verde esmeralda y oro, lleno de luz, le caía muy bien. Víctor ha sido mi amigo del alma. Fernando Cacho «Fernandete», más veterano y puesto en batallas de pueblo, de negro y oro. Yo no sabía que aquel chaval moreno, hermano pequeño de Víctor, que nos había acompañado sin hablar en todo el viaje, Antonio, quería también ser torero. Esta tarde saldría de sobresaliente y era la primera vez que se vestía de luces.

Mientras los otros novilleros se vestían ayudados por sus mozos de espadas, yo, que había venido acompañando a Víctor, comencé a ayudar al sobresaliente Antonio a ponerse su primer traje de luces. Era grana y oro. Poco a poco se fue enfundando taleguilla, chaleco, casequilla... En aquel traje tan torero vi la transformación de un muchacho. Su imagen con aquel grana y oro y su aspecto me impresionaron. Vi a un torero.

Salieron los toreros del caserón a la plaza que ya hervía, el Ayuntamiento, las banderas de España, autoridades, los balcones llenos. Enfrente, en el sol, estaba el patio de caballos, lugar donde los toreros esperan el clarín para salir al ruedo. Fueron colocándose y ciñéndose los capotes de paseo haciéndose ya el silencio de la incertidumbre, la ilusión y el miedo.

A Antonio, el sobresaliente, le ayudé a colocarse su capote de paseo por primera vez en el que sería su primer paseíllo.

Cuando arrancó el paseíllo, con la música de la pequeña banda local, vi a aquellos de los sueños vestidos de luces avanzar hacia las sombras de la plaza bajo el Ayuntamiento. Antonio, grana y oro, se adentraba sin saberlo en una historia de gallardía y arte.

La novillada, como las de aquella zona de la vega, era grande y armada, representaba la realidad de la España en fiestas de aquellos pueblos.

Antonio, con pasmosa tranquilidad, salió del burladero e hizo su quite, que me pareció imposible por deslumbrante en un debutante, y donde vi el secreto innato que le haría con el tiempo ser referente en el toreo: su clasicismo, su aplomo, su naturalidad.

Un quite, un solo quite, pero aún lo recuerdo pasada una vida entera.

Viví con Antonio Sánchez, «Sánchez Puerto», momentos claves en su carrera toreando yo en su cuadrilla la novillada de siete novillos en Vista Alegre (Madrid), que fue un gran éxito saliendo por la puerta grande.

Le ayudé a colocar el capote de paseo el día de su alternativa en Vista Alegre, con Luis Francisco Esplá como padrino y Antonio José Galán como testigo. Antonio ese día tuvo el detalle de que le lidiara yo el toro de su alternativa. He sido afortunado espectador de su arte. He compartido con Antonio y su hermano Víctor, en su cuadrilla, todas las emociones, alegrías, incertidumbres, triunfos y sangre que conlleva ser torero.

En casa de mis padres Antonio se quedaba extasiado mirando las fotos de Don Victoriano toreando de capote (especialmente las de la tarde de «Los tres de blanco»: Cagancho, Solórzano, La Serna, el 8 de mayo de 1931). El capote arrastrando por delante, el toro humillado y templado antes de llegar al embroque... Así escribía «Pepe Alameda» sobre La Serna en su libro «Los heterodoxos del toreo»... Y así, de blanco y oro, vi torear con el capote a Antonio Sánchez Puerto en Madrid la tarde cumbre en Las Ventas, en la corrida de Pilar Población. Poco tiempo después saldría Antonio por la puerta grande con los Murube.

Es Antonio Sánchez referencia del toreo clásico para profesionales y aficionados que ven que su arte se apoya en los «Pilares del toreo». Su innata naturalidad y templanza en el arte de torear asombra, desconcierta y atrae creando momentos mágicos y perdurables en la memoria, naturalidad que yo equiparo al excelso derechazo del maestro Antonio Bienvenida aún no superado.

Ahora en la plaza de tientas cuadrada y vieja de Hato de Garro, con el paisaje por encima de las tapias, en el silencio, solo el leve ruido de las pezuñas rozando al embestir la arena, veo torear a Antonio en esa dimensión de las cosas irrepetibles, con su empaque único, toreo puro en el silencio absoluto.

A veces cuando viene a Hato de Garro, solo para vernos, parece que vuelve a mí el renacer de toda esperanza ya perdida de volver a ser parte de aquellas luces.

Quizás sin saberlo esté volviendo a colocar el capote de paseo en el hombro de Antonio en aquella primera tarde de Borox... Y veo cómo el paseíllo se aleja de mí y avanza hacia las sombras.

*José Ignacio de la Serna Ernst es gran aficionado, enamorado del toro y del toreo, hijo de Victoriano de la Serna. Fue novillero con picadores y más tarde banderillero, además de ganadero.

***

El de Cabezarrubias estoqueó su primer becerro el 7 de julio de 1970 en la plaza de toros de Teruel, actuando en la parte seria del Bombero Torero.

La ocasión se originó por el interés que Sánchez Puerto despertó en Domingo Dominguín, quien, en mayo de aquel año, había presenciado un quite por chicuelinas que el ciudarrealeño había realizado en Villalba como sobresaliente, también en la parte seria del espectáculo cómico-taurino.

Fue, por tanto, la casa Dominguín, en la élite taurina de aquellos años, la que ofreció a Antonio su debut como matador, en este caso de novillos.

La etapa como novillero sin caballos de Antonio estuvo centrada en el ámbito de Madrid, y más concretamente en la zona de San Sebastián de los Reyes, cuya plaza era –y es– conocida como «La Tercera», pues ese lugar ocupaba –al menos en aquellos años– en jerarquía, después de los palenques de Las Ventas y Vistalegre.

Un jovencísimo Antonio Sánchez Puerto antes de hacer el paseíllo en San Sebastián de los Reyes en una novillada sin picadores.

El salto a un escalafón superior, es decir, su primer paseíllo con picadores, se produjo en Talavera de la Reina, el 30 de abril de 1972 (oreja y vuelta), con un oficio todavía labrado en base esencialmente al instinto y a una intensa afición.

Derechazo en su debut con picadores. Talavera de la Reina en 1972. Fotografía: Mateo.

A la hora de buscar referencias artísticas, una de las principales fuentes de inspiración la aportaban, lógicamente, los toreros contemporáneos. En cambio, los medios para que esa inspiración cuajara eran mucho menos abundantes que hoy día, en que los vídeos y las retransmisiones de festejos de todo tipo por televisión o internet, permiten a cualquier persona, aspirante a torero o no, visualizar una y otra vez infinidad de faenas aisladas o festejos completos.

En aquella época, principios de los años 70, se emitían muy pocas corridas televisadas, a lo que hay que sumar igualmente el escaso número de televisores. Tampoco existía, por supuesto, el actual y omnipresente internet ni la citada accesibilidad a las imágenes.

Se recurría, por tanto, a la imaginación, y el desarrollo del concepto taurino de cada torero se inspiraba en la propia personalidad, o en retazos visuales tomados –casi absorbidos– de una fotografía en color sepia de luz apagada aunque capaz de producir deslumbrante inspiración, o de un breve lance contemplado en el NO-DO. Y, sobre todo, en el ya referido instinto.

Abundando en este sentido, vaya nuestro reconocimiento con estas líneas a los fotógrafos taurinos; a los actuales y, sobre todo, a los pasados, a los del carrete en blanco y negro que más tarde pudieron ver plasmadas sus obras en color, como por ejemplo el recordado Manuel Herrera Piña, también ciudarrealeño, o Botán, algunas de cuyas fotografías nutren esta obra; personas que han recorrido, recorren y recorrerán cosos de todo pelaje con pesados equipos al hombro, con la paciencia por sustento, y con la intención de capturar instantes que serán fosilizados en estratos de papel o digitalmente para disfrute y divulgación de la Tauromaquia.

Volviendo al hilo principal, podemos afirmar que la marcada tradición taurina de la sierra norte y oeste de Madrid dejó huella en la formación torera de Antonio. Allí proliferaban los festejos de todo tipo, y con un poco de suerte, cabía la oportunidad de ponerse delante de algún animal de cierta casta.

De este modo, el torero manchego fue poco a poco sumando paseíllos. Algunos con notables éxitos, como el que se produjo en San Sebastián de los Reyes el 18 de julio de 1972, festejo matinal emitido por Televisión Española en el cual cortó tres orejas y un rabo a su lote de novillos de Salustiano Galache.

Al que cerró festejo lo recibió de modo inusual, sentado de espaldas en el inicio de faena de muleta, como muestra la fotografía de la página siguiente.

El texto que acompañó a la instantánea fue:

«Que nadie piense lo que no es. El torero de esta imagen, que es un buen torero, no se ha caído en la cara del novillo, y por tanto no se está quitando al novillo de encima. Este muletazo sentado en el suelo no es un recurso ni tampoco un acto reflejo; en este pase, que tuvo lugar el 18 de julio de 1972 en la plaza de San Sebastián de los Reyes (Madrid) el torero tuvo la voluntad de iniciar así la faena, sentado en el suelo, llevado quizás de un rasgo de genialidad, la inspiración de un momento, tan distinto este pase a su concepto del toreo, tan característica esa actitud al genio que ha mantenido durante toda su carrera. El torero de la imagen, que ya entonces toreaba de maravilla, estaba comenzando su carrera, y tenía que hacerse un hueco en la profesión. Luego, ese mismo novillero, debutó en Madrid, y tuvo una actuación tan destacada que muchos dijeron que iba para figura. Durante toda su carrera fue y es, porque aunque torea poco sigue en activo, un buen torero. Aunque no lo parezca el torero de la imagen se llama Antonio Sánchez Puerto. Llama la atención esta imagen por tratarse de una suerte rara (se conserva una parecida de Victoriano de la Serna en Bilbao), pero aún choca más que sea de Sánchez Puerto, un torero de arte».

Nosotros nos aventuramos a afirmar que el origen de este singular muletazo se encuentra en su cercanía con el *santuario* taurino de la finca Hato de Garro de la familia De la Serna. Concretamente en una fotografía de Victoriano de la Serna que se observa en la sala de la chimenea, en la que se puede ver al genial torero, figura de los años 30, iniciando faena de muleta sentado en la arena del coso de Bilbao.

Esta fotografía posee cierta historia, ya que, años después, apareció publicada en el semanario *6toros6*, en una sección confeccionada por José Luis Ramón titulada "Fotos con solera". Fotografía: Botán.

Durante un tiempo, la familia de Antonio se encontraba «ajustada» en una finca colindante, y no es raro que el incipiente torero tomara nota de la peculiar instantánea en alguna de sus visitas a aquella señorial casa.

***

Salida a hombros en San Sebastián de los Reyes, la plaza de los primeros triunfos. Como se puede apreciar en la fotografía de Botan, el ambiente de espontánea efusividad y entusiasmo que se vivía en los tendidos y en el propio ruedo tras el éxito era desbordante. Fotografía: Botán.

**

Entre 1972 y 1973 Antonio decidió cambiar su nombre artístico. Por dos motivos fundamentalmente; uno de ellos se justificaba en el hecho de que por aquellas calendas ya hubiera un novillero que se anunciaba con el nombre de Antonio Sánchez (padre, posteriormente, de la matadora de toros Cristina Sánchez).

El otro fue la añoranza del terruño en el que pasó los primeros años de su vida, su entrañable pueblo de Cabezarrubias del Puerto, del que tomaría el «apellido» para añadirlo al de su padre, y pasar a anunciarse Sánchez Puerto, en lugar de Antonio Sánchez.

A pesar de haber debutado con picadores, los tiempos no permitían miramientos sibaritas, y el ciudarrealeño alternó paseíllos en festejos con picadores y actuaciones sin ellos, algo que resultaba práctica frecuente en aquellos años.

Era necesario progresar en la adquisición del oficio, y también en el conocimiento de los animales, sus reacciones y comportamientos, y para ello el mejor medio no era otro que ponerse delante de novillos, fuera el espectáculo del tipo que fuera.

De hecho, Sánchez Puerto recuerda con gran cariño las novilladas nocturnas de promoción celebradas a principios de los 70 con un sensacional ambiente a plaza llena en el coso de Valdepeñas, al igual que los festejos celebrados en aquellos años en San Feliu de Guíxols, en Gerona.

Trincherazo en la plaza de toros de Valdepeñas.

También actuó en Las Ventas en dos festejos de promoción, logrando cortar dos orejas en uno de ellos, tal y como apuntamos brevemente en líneas anteriores.

La ocasión tuvo lugar el 2 de mayo de 1973, en una intensa jornada taurina en la que la plaza de la calle Alcalá albergó la celebración de un festival a beneficio del Montepío de Toreros, lidiándose diez novillos por la mañana y diez por la tarde.

Antonio cerró plaza lidiando un ejemplar de Dionisio Rodríguez, del que paseó los dos trofeos.

De este exitoso modo se presentó el torero manchego en el más alto tribunal taurino, lo cual no deja de tener relieve.

En estos años, la familia Sánchez Fernández había entablado duradera y sincera amistad con una serie de personas que sirvieron de decidido amparo a Antonio en los siempre duros comienzos. De entre ellos destacan los doctores Jesús Higueras, Enrique Montero, Jesús Recio y su mujer Carmina, además de otros amigos como Enrique de Luis, Ángel Serrano Arteche o Pepe Quintanilla.

Era el doctor Recio el encargado de concretar las contrataciones sin picadores, y también de prestar a Antonio un automóvil, modelo ranchera, que servía de coche de cuadrillas en los días de festejo.

En aquellos tiempos, tan recordados ahora, y que vividos en primera persona mezclaban ilusión y sacrificio, Antonio pasó largas temporadas en la finca que el doctor Recio poseía en el municipio toledano de Navalcán.

Allí, con el pico del Almanzor de fondo, y el río Tiétar como cristalino vecino, Sánchez Puerto convivió con un curioso y entrañable personaje que quiso ser torero y que respondía al apodo de «Jala», si bien su nombre cristiano era Mariano Sánchez.

«El Jala» era hombre rústico, ajeno a sutilezas de ningún tipo en su *modus vivendi*, pero que mostraba una determinación e inteligencia natural privilegiada. Antonio admiraba sus reacciones, su pundonor… Al igual que su dureza en las carreras con los pies descalzos, lo cual no provocaba ni un atisbo de dolor en su semblante.

Ambos aprendieron en estos meses de fraternal convivencia a valerse por sí mismos, lejos del amparo y cobijo de sus familias.

También frecuentaba la compañía de novilleros que, como él, soñaban con el toreo; entre ellos se encontraban Francisco Picado «El Portugués», Serafín Payá o el entrañable José Galán «Josele».

De izquierda a derecha, Sánchez Puerto, su hermano Víctor, Alejandro Delgado, Fernando Cacho, Antonio González "El Abulense" y un aficionado sin identificar. Nótese el ingenio invertido a la hora de componer un carretón a partir de un cesto de mimbre.

TODO UN TORERO

Tras bregar varios años por plazas de talanqueras y actuar en festejos celebrados en palenques de mayor relevancia, llegó el 2 de mayo de 1976. Plaza de toros de Las Ventas de Madrid. Novillos de Jiménez Pasquau. Debut con picadores de Antonio Sánchez Puerto en el coso más importante del mundo.

Por primera vez llegaba vestido de luces a esa especie de fortaleza que todo torero anhela conquistar, con sus banderas ondeando a modo de estandartes medievales en su puerta grande.

Paseando la oreja cortada en su debut con picadores en Las Ventas. Fotografía: Botán.

El vestido, un blanco y oro, fue alquilado en la sastrería Fermín, aunque a raíz del éxito que obtuvo con él, Sánchez Puerto decidió comprarlo, por aquello del buen bajío.

Antonio, el muchacho de Cabezarrubias del Puerto, no llegó solo a esta cita trascendental. Con él acudió un acompañante tan incómodo como ineludible: la responsabilidad; esa sustancia que se adhiere a la piel y se torna perenne satélite en todos los compromisos, pero más si cabe en escenarios de la relevancia de Las Ventas.

Aquella se antojaba una tarde decisiva. Había costado muchas fatigas llegar a verse vestido de luces en ese patio de cuadrillas; el triunfo se hacía trascendental. Y Antonio era consciente de ello, a pesar de acudir a tal compromiso sin contar con el óptimo bagaje de confianza en sus muñecas que presta el torear con continuidad.

De hecho, según nos confesó su hermano Víctor, de cara a aquel compromiso Antonio tan solo se había puesto delante de una añoja (becerra de un año de edad) días antes.

Y el triunfo llegó. El manchego cortó una oreja en su primero y fue obligado a saludar dos veces la ovación en su segundo.

Dejó una honda impresión en la afición madrileña, inspirando crónicas laudatorias como la de Vidal que abre el apéndice de Apuntes de prensa[1].

De aquella tarde el torero recuerda su decidida disposición para el triunfo. No podía ser de otra forma. Su futuro pendía de este hilo enhebrado con el frágil algodón de su aún menguado oficio.

Su primer novillo, al que cortó la oreja, tuvo complicaciones, aunque el torero las resolvió, mientras que su segundo fue un marrajo bronco y duro ante el que podría haber perdido el crédito ganado en el novillo anterior.

Pero no fue así. En apenas veinte muletazos dominó la aspereza de su oponente y, al igual que ocurriera en su primero, lo pasaportó de una buena estocada.

Quiso el destino que aquel día la moneda de la espada cayera de cara.

***

DOS INTUICIONES
VÍCTOR SÁNCHEZ FERNÁNDEZ*

Realmente se me hace de difícil comprensión por qué mi hermano Antonio decidió ser torero, porque en nuestro humilde hogar nada se sabía ni se hablaba de toros. Acaso ir a la suelta de vacas en nuestro pueblo de Cabezarrubias del Puerto.

Sin embargo, tengo una intuición que podría explicar aquella motivación.

La nuestra era una numerosa familia de gente de campo que subsistía sin ningún capricho sino más bien todo lo contrario. Y quiero intuir que mi hermano quedó maravillado cuando tuvo la oportunidad de ver las comodidades de las que disfrutaban en la finca Hato de Garro, propiedad de Victoriano de la Serna, la cual tenía incluso calefacción.

Nosotros, en cambio, pasábamos los fríos inviernos del precioso Valle de Alcudia tiritando sin remedio. Supongo que Antonio pensaría: «Esto es lo que yo quiero para mí y para los míos». Y se propuso ser torero.

Yo había precedido a mi hermano a la hora de querer ser torero, pero lo mío no pasó de jugar a serlo.

Yo tenía –y tengo– mucha afición. Sin embargo, cuando la cosa se puso seria y entreví el sacrificio espartano que supone siquiera ser banderillero, decidí tomar otros derroteros menos sinuosos.

No obstante, mi hermano no cejó en su empeño, y, sin alcanzar las cotas que él y todos anhelábamos, consiguió parte de su sueño. Y todo ello, de nuevo, basado en una maravillosa intuición; la suya para ejecutar el toreo sin apenas tener la oportunidad de ponerse delante de dos pitones.

Echando la vista atrás, si no es por la antes citada intuición torera, se me hace absolutamente incomprensible explicar cómo un hombre que tan solo entrenaba de salón –porque los tentaderos eran inaccesibles y los toros a puerta cerrada una entelequia– pudo cortar una oreja en Madrid en su presentación como novillero con picadores, y antes de aquella tarde, dos trofeos en un festival sin picadores en la plaza más importante e imponente del orbe taurino. ¡Sin apenas haber visto un pitón!

Aquello solo me lo puedo explicar por la innata capacidad e inteligencia que tenía –y tiene– Antonio Sánchez Puerto. Una intuición privilegiada para el toreo.

* Víctor Sánchez Fernández es hermano de Antonio Sánchez Puerto, fue banderillero y apoderado de su hermano, y mentor de su hijo, Víctor Puerto.

***

Aquella conquista madrileña causó un revuelo sobresaliente en el mundo taurino; tanto que a Antonio le surgieron varias propuestas de apoderamiento. Entre ellas la de pesos pesados de la época como Jumillano, la propia empresa de Madrid, o Paco Pallarés.

Sin embargo, tanto él como su hermano Víctor, quien llevó a cabo la negociación, se decantaron por José Flores Cubero «Camará», quizás el taurino más importante de aquellos años.

«El triunfo en Madrid en el debut con picadores [asegura el hermano del torero] nos abrió puertas, y una de ellas fue la de la casa Camará. Pero éramos conscientes de que a Antonio le hacía falta torear con frecuencia para coger el oficio que aún no tenía».

«La oreja de Madrid [continúa Víctor Sánchez Fernández] llegó por su talento natural para estar delante de los novillos a poco que éstos ofrecieran alguna posibilidad, pero tenía carencias lógicas por su limitada experiencia. De hecho les propuse que lo anunciaran en algunas novilladas sin picadores para coger oficio. Pero no me escucharon. O quizás no me creyeron, ya que, después de aquel triunfo en Las Ventas, se llevaron a Antonio a la ganadería de El Raboso, a Salamanca, y allí cuajó un serio novillo en presencia de Victoriano Valencia, quien, vista la aparente facilidad de Antonio en la cara del utrero, no dudó en ponerle en tres novilladas picadas inmediatamente».

Antonio y su hermano Víctor departiendo
después de un tentadero.

Empero, a pesar de verse anunciado en distintas plazas de relevancia, aquel año de 1976 no se rubricó el triunfo de Madrid de principio de temporada. Faltó el apoyo «orejil». Fundamentalmente a causa de los reiterados fallos a espadas. El instinto, en muchos casos, si se acompaña de suerte, rinde tributo. Mas cuando la fortuna se torna esquiva, el instinto no basta para conseguir el objetivo marcado; en este caso, los triunfos resonantes.

***

El 27 de marzo de 1977 Sánchez Puerto se enfrentaría en Las Ventas a novillos de la ganadería de Luis Frías, de Villamanrique (Ciudad Real), una de las vacadas más importantes en la provincia manchega hasta su desaparición en 2015, amén de una de las fincas de mayor solera y belleza del campo bravo manchego.

***

Terminada la temporada la relación con Camará llegó a su fin.

***

A pesar de carecer del respaldo de un apoderado que le pudiera ase-gurar un número de contratos, a principios de 1977 el ciudarrealeño sabía que durante un tiempo contaría con el aval de Madrid, plaza a la que había rendido el 2 de mayo del año anterior.

Y así fue. En 1977 Sánchez Puerto se vio anunciado en Las Ventas en cuatro ocasiones, aunque en ninguna de ellas llegó el éxito categórico.

En la cita del 5 de junio[2] se produjo una grave cornada a su hermano Víctor, quien le acompañaba como banderillero en su cuadrilla.

Víctor Sánchez siendo llevado a la enfermería por José Ignacio de la Serna y un monosabio, tras resultar herido.

Uno de los novillos del Conde de la Maza que se lidiaron aquella tarde apretó para los adentros una vez rematado el recibo con el capote, arrollando al banderillero, perforándole la femoral y haciendo brotar una abundante hemorragia al incorporarse, momento tras el cual fue conducido a la enfermería por varias asistencias, entre las que se encontraba un joven José Ignacio de la Serna, quien también figuraba en la cuadrilla de Sánchez Puerto.

Como curiosidad señalamos que aquella fue una de las primeras tardes en las que un Víctor Sánchez Cerdá (Víctor Puerto), con tres añitos (casi cuatro), presenciaba en directo una corrida de toros, con cornada incluida para su padre.

Retrocediendo al hilo principal, apuntaremos que el triunfo madrileño aquel año no llegó para Antonio, aunque sí dejó retazos de ese personal toreo que siempre atesoró el de Cabezarrubias.

Recibo a uno de los novillos de Guardiola a los que se enfrentó Sánchez Puerto en Las Ventas el 25 de septiembre de 1977.

A pesar de la ausencia del «zambombazo» venteño que abría las puertas de todo el orbe taurino, ello no impidió que el torero ciudarrealeño acumulara un número de paseíllos apreciable en 1977, y siguiera afianzando su nombre entre los aficionados, sobre todo madrileños. Y también que en su tierra el nombre de Sánchez Puerto empezara a sonar con mayor asiduidad.

De hecho, el 27 de marzo de 1977 concedió su primera entrevista a *Lanza*, diario decano de Castilla-La Mancha, en el transcurso de un tentadero en la ganadería de Julián Alcázar, en la que, a la pregunta realizada por Uno del Tendido, seudónimo de don Cecilio López Pastor: «¿Cómo ves tu toreo: clásico o más alegre?», Antonio, palpitante, no tuvo reparos en contestar: «Yo lo veo en la línea del arte».

El planteamiento de la temporada 1978 se forjó en base a una idea que empezaba a tomar cuerpo, y que no era otra que la de tomar la alternativa, la cual, a todas luces, tendría lugar aquel año, pero que empezó a fraguarse a finales de 1977.

Tentadero en la ganadería de La Pañoleta, propiedad de Julián Alcázar en Almadenejos (Ciudad Real).

Ante estas perspectivas, durante el invierno de 1977 la preparación fue ciertamente intensa. Las apuestas previstas para inicios de año así lo requerían.

La primera de ellas surgió apoyándose en su buen cartel entre la afición de Madrid, por lo que Sánchez Puerto decidió encerrarse en la plaza de toros de Vistalegre para estoquear seis novillos a principios de aquella temporada.

El objetivo no era otro que intentar dar un contundente toque de atención que le permitiera tomar la alternativa con fuerza.

En un principio la fecha elegida fue la del domingo 26 de febrero, aunque la lluvia hizo que la celebración se pospusiera siete días. Y finalmente siete también fueron los novillos que estoqueó, puesto que regaló el sobrero, al cual fue a recibir a porta gayola, y ante el que rubricó con éxito de dos orejas una cantada y medida tarde de toros que apenas se prolongó durante una hora y tres cuartos en la desaparecida «Chata».

Plaza de toros de Carabanchel, allá por los años 70, cuya puerta grande atravesaría Sánchez Puerto en su encerrona como novillero, y donde tomaría la alternativa.

Como curiosidad podemos citar que varios de los novillos inicialmente reseñados para ser lidiados en febrero, de la ganadería de Juan Mari Pérez Tabernero, tuvieron que ser sustituidos por otros de la misma vacada, ya que los utreros previstos en un principio para ser estoqueados en el mes de febrero se convirtieron administrativamente en cuatreños siete días más tarde al dar comienzo marzo.

De este modo, la novillada originalmente escogida para la ocasión por sus magníficas hechuras tuvo que ser recompuesta añadiendo utreros que, según rememora su matador, no estaban en tipo de embestir.

Con este nuevo toque de atención y, sobre todo, con un ambiente muy favorable entre los exigentes aficionados madrileños, Sánchez Puerto decidió dar el siguiente paso en su carrera profesional.

Sin embargo la plaza elegida no sería la de Ciudad Real, como se había planteado en un principio, sino que se rentabilizó el tirón de su encerrona carabanchelera, y se optó por consumar el doctorado en una plaza de gran trascendencia como lo era la popular «Chata».

***

Indudablemente, uno de los días soñados para todo torero es el de la alternativa.

La fecha señalada para tan especial acontecimiento para Antonio Sánchez Puerto sería el domingo 21 de mayo de 1978, a partir de las seis y media de la tarde, con toros de Román Sorando, y con Antonio José Galán y Luis Francisco Esplá en el cartel[3].

Arriba, paseíllo la tarde de la alternativa de Sánchez Puerto. Fotografía: Herrera Piña. Abajo, abrazo al padrino de la alternativa, Antonio José Galán, con Luis Francisco Esplá de testigo. Fotografía: Herrera Piña.

La efeméride se saldó con una oreja y vuelta, en una tarde en la que el manchego pudo apuntar retazos de gusto, pero sin contar con oponentes que le granjearan la oportunidad de triunfar con mayor rotundidad.

Sánchez Puerto vistió de grana y oro con remates en negro, y el toro de la alternativa, lidiado por José Ignacio de la Serna, se llamó *Declaroso*. Tuvo un peso de 493 kilos, y fue brindado a su hermano Víctor, quien hasta pocas fechas atrás le había acompañado como banderillero.

Derechazo al toro de la alternativa.

Desde entonces, la cabeza de *Declaroso* adorna el salón principal de su casa madrileña.

***

La plaza de toros de Vistalegre fue el escenario de su alternativa, pero también de su segundo paseíllo como matador de toros. Fotografía: Botán.

Se produjo una semana después de su doctorado, el 28 de mayo, tarde en la que alternó junto a José Ruiz «Calatraveño», diestro de gran pundonor, igualmente ciudarrealeño.

***

Tras este comienzo en el escalafón superior, las ocasiones para actuar de luces se hicieron esperar. Por ello, cuando el 30 de junio de 1979 Sánchez Puerto hizo el paseíllo en Ciudad Real, en el festival organizado por la Federación Taurina Manchega a beneficio del banderillero Isidro Caballero «Talega», el deseo de reivindicarse en su tierra y de triunfo le quemaba por dentro.

Aquélla era su oportunidad para ganarse un puesto en la inminente feria de la capital manchega, la que posteriormente habría de convertirse en una de sus plazas.

Por este motivo decidió ir a recibir a su cuatreño de Antonio Méndez, reparado de la vista, a la puerta de chiqueros.

El toro se frenó a escasa distancia del torero y, a continuación, hizo por él, propinándole una monumental voltereta que le dejó conmocionado y que imposibilitó cumplir su deseo de triunfar y ganarse con capote, muleta y espada, su participación en el abono agosteño.

Aquella fue la segunda –y última– vez en la que Sánchez Puerto decidió ir a recibir un toro a porta gayola.

En cambio, a pesar del percance, se contó con él para la última tarde del ciclo de Ciudad Real, la del 19 de agosto, en un cartel completado por Roberto Domínguez y Calatraveño, ante toros de Miura.

De este modo, Sánchez Puerto, considerado torero estilista, hizo su debut como matador en la plaza de toros de Ciudad Real con el legendario y temido hierro de la A con asas, un dato que no deja de ser curioso, si además añadimos que cortó una oreja al sexto.

Justo una semana después de hacer su presentación como matador de toros en Ciudad Real, el torero de Cabezarrubias debutó en una plaza de gran solera como es la de Almagro (Ciudad Real), cortando dos orejas.

El siguiente compromiso de relevancia para Sánchez Puerto fue de palabras mayores: confirmación de alternativa en Las Ventas, en corrida goyesca, festejo para el que se fletaron varios autobuses de aficionados ciudarrealeños que quisieron presenciar el acontecimiento.

Semblante serio de Sánchez Puerto en su confirmación de alternativa en Las Ventas.

El 14 de septiembre de 1980 Sánchez Puerto confirmó doctorado en Madrid haciendo el paseíllo al lado de Gregorio Tébar «El Inclusero» y José Ruiz «Calatraveño», con una corrida de Isaías y Tulio Vázquez que salió blanda y deslucida para desencanto de los allí congregados. Como anécdota apuntamos que la corrida estuvo encabezada en el paseíllo por Paloma San Basilio a caballo.

Sánchez Puerto tuvo siempre la facilidad para componer auténticos carteles de toros en un instante. Aquí tienen un ejemplo en la tarde de su confirmación de alternativa, en una magnífica fotografía de Jesús, en la que la apostura del torero manchego frente a un toro que no se empleó en las telas deja patente la clase de toreo que Sánchez Puerto buscó y puso sobre la arena cuando se lo permitieron. Fotografía: Jesús.

***

Sánchez Puerto coincidió en los primeros años de su carrera con dos importantes toreros, también manchegos (ciudarrealeños para más señas), como son Paco Alcalde y José Ruiz "Calatraveño". Incluso llegó a compartir cartel con ambos, como ocurrió en Ciudad Real el 6 de abril de 1980. Se lidiaron toros de El Campillo, y los tres toreros, como muestra la instantánea, visitaron la ganadería días antes para conocer de primera mano los toros a los que se enfrentarían.

***

La temporada de 1981 comenzó de la mano de Manolo Márquez, taurino andaluz estrechamente ligado a Diodoro Canorea.

En este año, Sánchez Puerto hizo el paseíllo vestido de corto en un paraje con gran carga sentimental para el torero ciudarrealeño: el Valle de Alcudia. Concretamente en la aldea de La Bienvenida, su ocasional patio de juegos infantil. El festival tuvo lugar el 19 de abril, y en él tomaron parte, además de Sánchez Puerto, Andrés Vázquez, Paco Alcalde y Ortega Cano.

La celebración de este festejo sembró en el torero de Cabezarrubias una semilla de «deuda» que Antonio saldaría doce años después, con la celebración de un brillante festival en el mismo recinto, el cual será abordado en mayor detalle llegado el momento.

1983 supondría un notable incremento en la cantidad y en el peso de los triunfos del torero. Sobre todo en la plaza más importante del mundo, como veremos reflejado a continuación.

El 6 de agosto el torero manchego inauguró, junto a Manzanares y Tomás Campuzano, la plaza de toros de Villanueva de Córdoba. Y como curiosidad apuntaremos que Sánchez Puerto, aquella tarde en la que se entretuvo en cortar tres orejas, puso en práctica, por primera vez como matador de toros, el inicio de faena de muleta sentado en una silla, algo que escenificó con posterioridad ocasionalmente. Al día siguiente, sin ir más lejos.

Aquella tarde, 7 de agosto, Antonio afrontaba un compromiso de envergadura que, a la postre, le reportaría su primer toque de atención como torero alternativado en Las Ventas de Madrid, al dar una vuelta al ruedo en el quinto de la tarde, después de iniciar sus dos faenas de muleta sentado en una silla y, atendiendo a las crónicas, de interpretar fases de temple y mando con la franela en la mano derecha a su lote de Rocío de la Cámara.

Esta actuación le valdría su inclusión en el cartel venteño del 28 del mismo mes.

De esta guisa comenzó una de sus faenas a un toro de Rocío de la Cámara Sánchez Puerto en Las Ventas. Fotografía: Botán.

Aquel domingo Sánchez Puerto repetía paseíllo en Las Ventas para vérselas con un ejemplar de Pilar Población –al que cortó su primera oreja como matador de toros en Las Ventas– y un remiendo de Cobaleda.

Y, según reza el titular de la crónica aparecida en *El País*, la tarde supuso un «Reencuentro con el arte de torear». Su protagonista fue Sánchez Puerto en la faena a su primero, con el que, en opinión de los presentes, lo bordó lanceando a la verónica[4].

Verónica por el pitón izquierdo a uno de los toros de Pilar Población.

Hubo incluso algún crítico (Pepe Luis, en *La Hoja del Lunes*) que se aventuró hasta la hipérbole comparativa para referirse a las verónicas del de Cabezarrubias (apodado en su crónica «el gitano manchego») asegurando que «podría firmarlas el más calé de los toreros, o el más torero de los calés», en referencia al corte artístico del toreo de Sánchez Puerto aquella tarde.

***

La tarde del toro de Pilar Población fue destacada, sobre todo, por la calidad del. oreo a la verónica de Sánchez Puerto. Sin embargo, también hubo pasajes de categoría con la muleta. Aquí van dos muestras de ello. Fotografías: Jesús.

***

El triunfo venteño posibilitó a Sánchez Puerto hacerse con la sustitución de José María Manzanares en Madrid el 16 de septiembre.

Este hecho fue anunciado por megafonía días antes de la celebración de la corrida en la plaza de toros de Las Ventas y, según reflejaba *El País*, parte del público aplaudió al darse a conocer que el torero sustituto elegido era Sánchez Puerto.

Arriba, en el cartel, de relumbrón, Sánchez Puerto estuvo acompañado en el ruedo de la calle de Alcalá por Antoñete y Yiyo. Abajo, Sánchez Puerto frente a uno de Joaquín Buendía al que se enfrentó en Las Ventas sustituyendo a Manzanares. Fotografía: Botán.

Sin embargo, la corrida, en la que se lidiaron toros de distintas ganaderías, resultó notablemente deslucida. De hecho *El País* tituló la crónica con
un categórico «La encerrona».

No acabaría el paso de Sánchez Puerto en 1983 por Las Ventas con esta
tarde septembrina. El 10 de octubre volvió a hacer el paseíllo, con polémica
incluida, para enfrentarse a una bronca corrida de Cortijoliva, en la que uno
de los toros que le correspondieron a Sánchez Puerto estaba aparentemente
toreado, en lo que, si nos atenemos a lo publicado en *El País*, en lugar de
una oportunidad se asemejó más a un intento de quitarse de en medio a
varios toreros de un plumazo.

Se cumplió aquello de vestir una trampa en ropajes de supuesta
oportunidad.

Con el capote frente a un toro de Cortijoliva. Fotografía: Botán.

En los dos años siguientes, 1984 y 1985, los paseíllos se sucedieron
moderadamente, con la plaza de Las Ventas como palenque más frecuentado.

TOCAR EL CIELO

A principios de 1986 la carrera de Sánchez Puerto se encontraba en un momento incierto.

Sin apenas torear en su tierra, y sin visos de hacerlo, a pesar de las constantes «protestas» publicadas por la crítica taurina de Ciudad Real, la única salida que le quedaba al torero de Cabezarrubias era Madrid, una plaza que sí había podido paladear el toreo que Sánchez Puerto era capaz de realizar cuando había tenido material bovino adecuado enfrente.

Salida a hombros en Madrid el 15 de agosto de 1986.
Fotografía: Botán.

El riguroso público de Las Ventas lo había visto torear con lucidez a pesar de no contar con la colaboración de corridas propicias en las que se había anunciado hasta el momento, siempre con la vana esperanza de que alguno «se equivocara» y metiera la cara.

Y llegó la tarde del 15 de agosto de 1986.

De nuevo la plaza de toros de Las Ventas de Madrid. Cuatro toros de Domínguez Camacho y dos de Murube (primero y quinto); todos muy bien presentados y de juego desigual. El manchego cortó sendas orejas a los dos toros de su lote y salió a hombros camino de la calle de Alcalá[5].

Vuelta al ruedo paseando la oreja que le abriría la puerta grande más anhelada del mundo.

Aquella tarde Sánchez Puerto llegó a Las Ventas «arreado», con ganas de reivindicarse en la que se había convertido en su plaza, a falta de contratos en las de su terruño manchego. No habían contado con él para la feria de Ciudad Real, y tampoco había toreado en el resto de la provincia.

Cuando, tras el arrastre del sexto toro, Sánchez Puerto recorrió el ruedo de la plaza más importante del mundo, y salió por la puerta grande a hombros de su amigo Mariano Sánchez «El Jala», todo el sacrificio obtuvo su momentánea recompensa.

Su lote no fue para tirar cohetes, por lo que, atendiendo a lo vertido en las crónicas de aquella tarde, se podría decir que el éxito respondió más al talento del torero que a la condición de sus oponentes.

Comienzo de faena a su primero aquel 15 de agosto de 1986.

La primera faena al toro de Domínguez Camacho fue de entrega y raza. El toro resultó «violento y huido, muy fuerte y áspero» según Vicente Zabala. Le arrancó una oreja por disposición y ansias de triunfo, aunque también tuvo peso el muy torero cierre de faena con dos ayudados que sirvieron para encender la mecha en los tendidos.

El toreo más artístico llegó en el quinto, un toro «grandón», noble y con clase de Murube, al que le faltó meter la cara abajo de verdad, y que fue brindado por Sánchez Puerto a su sobrino Víctor –como cita Zabala en su crónica–, quien justo una década después abriría, por partida doble, la puerta grande que esta tarde conquistó su tío.

Expresión en la composición a pesar de la falta de entrega de su lote en la tarde más importante de la carrera de Sánchez Puerto.

Aquel día, venturosamente, se aliaron favorablemente varias de las circunstancias que hacen falta para triunfar en Madrid, y que en tan contadas ocasiones se hilvanan: el toro, el torero, la espada, el público, el viento, el palco…

Según Barquerito, en *Diario16*, aquella había sido la mejor faena que se había visto en Las Ventas en lo que iba de año, lo cual no era decir poco. Por allí había pasado lo más granado del escalafón superior durante la feria de San Isidro. Pero fue Sánchez Puerto quien, con toros que no se emplearon, despertó tales elogios.

Pocos días después de este triunfo, y habiéndose quedado fuera de la feria de Ciudad Real de manera poco comprensible, el torero de Cabezarrubias se dio el gusto de acudir a presenciar, en el tendido, una de las corridas del abono ciudarrealeño, cosechando una clamorosa ovación al ser reconocido por el público asistente.

Justo un mes después de su salida a hombros de Las Ventas, volvió a reafirmarse en el mismo ruedo, logrando cortar una oreja a un toro de Manolo González[6].

Fue a un ejemplar de nombre *Alcaparrito*, de 498 kilos, en el que ya el inicio de faena, con un trincherazo hilvanado con un derechazo, tuvo enorme garbo.

El toro, algo crudo, embestía con encastado ímpetu, falto de templanza, pero el ciudarrealeño anduvo firme de plantas y de espíritu, además de aderezar la faena con su personal empaque.

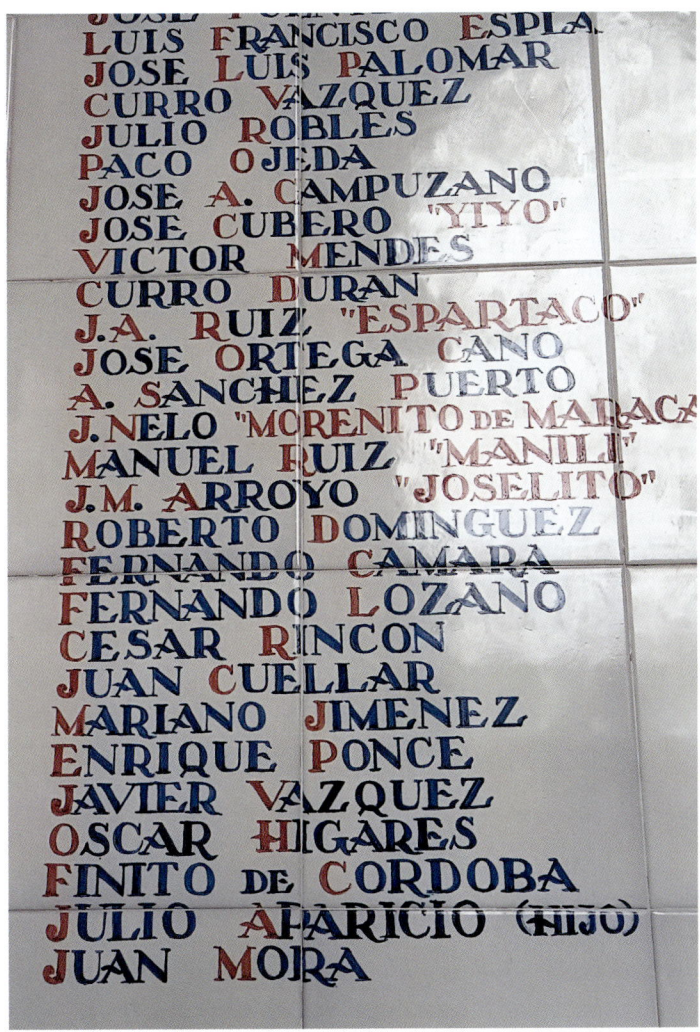

El nombre de A. Sánchez Puerto, entre los de J. A. Ruiz "Espartaco" y J. Nelo "Morenito de Maracay", incluido en el azulejo venteño que reconoce a algunos de los que han logrado abrir la puerta grande más deseada del toreo.

Cuando logró meter la espada al primer intento, y más tarde se vio dando la vuelta al ruedo con una oreja en la mano, Antonio, a buen seguro, miraría de reojo la puerta grande que un mes antes había cruzado a hombros.

Sin embargo el quinto de aquella tarde, anunciado como *Chacharrón*, colorado de capa, alto de cruz y muy protestado por los tendidos, impidió redondear el triunfo.

Sus acometidas faltas de entrega, sin humillar, soltando la cara, y el ambiente a la contra generado por la no devolución del de Manolo González, truncaron el sueño de repetir éxito.

Bien pintaban las cosas para Antonio a finales de 1986 de cara a la temporada de 1987.

Tan pronto como se vio anunciado con corridas «adecuadas» y sus toros embistieron medianamente, el manchego dejó constancia de su concepto clásico y artístico del toreo.

Cortar tres orejas seguidas en Madrid no es cuestión baladí, y Sánchez Puerto esperaba dar el aldabonazo definitivo en la temporada venidera.

Por ello se preparó a conciencia en el campo de cara a un año que se antojaba decisivo, ya que, a sus triunfos en la plaza, incuestionables, Sánchez Puerto añadía el favor unánime de la crítica especializada, que pedía tanto a nivel local como a nivel nacional un mejor trato para toreros de su calidad.

Carlos Abella, por citar un ejemplo, escribía lo siguiente en enero de 1987:

«…Sánchez Puerto, al que sus éxitos en Madrid le sitúan por derecho propio en los carteles isidriles de la temporada próxima. Excelente capeador y gran muletero, Sánchez Puerto ve los toros como los artistas, sin que el público tal se percate de ello, pero necesita de una mayor reafirmación en sí mismo, para demostrar que pocos torean con tanta clase y arte».

***

¡SILENCIO! TOREA SÁNCHEZ PUERTO
Rafael Zaldívar*

Dicen que el buen aficionado se va gestando a base de ser «orejero», es decir, de poner la oreja, escuchar a los mayores, rumiar lo que se dice… y estarse «calladito».

Así, poco a poco, uno va puliendo el paladar: observando y explicándose los porqués de un arte que tiene mucho que descifrar.

Un servidor echó las muelas taurinas admirando a dos toreros que podrían ser la antítesis uno de otro: «Calatraveño» y Sánchez Puerto. Entre medias, un eslabón, Paco Alcalde.

Andando el tiempo no he sabido bien en qué consistía esa contraposición, pero tanto en uno como en otro —tan distintos ambos— prendía en mí la emoción de la verdad y el jugársela sin cuento. En suma, había autenticidad.

Los «Puerto» son una saga; como se decía en el antiguo catecismo, «uno y trino», esto es, Padre (Víctor Sánchez Fernández), hijo (Víctor Puerto) y Espíritu Santo (Sánchez Puerto).

Los tres mamaron el buen toreo que procedía del Valle de Alcudia, en la persona del mítico Victoriano de la Serna. ¿Acaso las salidas en hombros de uno y otro por la Puerta Grande de las Ventas, fueron casualidad? Pues claro que no; son el resultado de la inteligencia, de la torería de una familia que antepuso la hondura, el sentimiento, la verdad… por encima de todo.

Ese toreo a la verónica, hondo, con clase, sin aspavientos; esos muletazos al natural que te hacían –te hacen– seguir el viaje con un regusto especial, son lo que catalogaron a Antonio como «torero de Madrid».

Recuerdo al bueno de Diego del Moral cantarle y contarlo ensimismado aquellas faenas completas por esos ruedos de la provincia, y aquella tabla de salvación que era Madrid, siempre Madrid, cuando el trust no dejaba meter la cabeza a ningún independiente.

Sánchez Puerto se crecía al castigo y respondía con más torería si cabe.

El de Cabezarrubias puso en práctica lo que soñó en su día su hermano, y su sobrino Víctor culminó desde otra vertiente de la tauromaquia.

Volvamos a Cabezarrubias, lugar que ya se menciona en el libro de las monterías de Alfonso XI, que ancla su prehistoria en los restos de pinturas rupestres en la antesala de Sierra Madrona, de alto valor ecológico.

Pues bien, en mi opinión su paisaje y el paisanaje debería de ser declarado Bien de Interés Cultural, como la propia fiesta de toros. Hago mías aquellas palabras publicadas en el BOE de Castilla-La Mancha en 2011: ...»Experiencia vital intensa, plena de sensibilidad, que permite gozar con todos los sentidos a un ritual cargado de sentido simbólico en el que arte e inspiración se entremezclan dando resultados novedosos y sorprendentes en función de cada torero y cada momento, que se convierte así, en único».

Asistí a la confirmación en Madrid de manos de Gregorio Tébar y el propio «Calatraveño» en 1980; también la tarde del 15 de agosto del 86, con salida en hombros del coso venteño, y aquella otra del San Isidro del 89, donde todavía refulgen los naturales a dos Victorinos que lo elevaron a los altares. Aquello es agua pasada; hogaño, los cabales disfrutamos de su clase de profesor emérito en tentaderos como el reciente en Hato de Garro, predio de la familia La Serna. Zahones, sombrero de ala ancha y magisterio. ¿Romanticismo? ¿Idealismo? ¡Silencio! Torea Sánchez Puerto.

* Rafael Zaldívar es crítico taurino de *La Tribuna de Ciudad Real*, y autor del libro *El cartel taurino* (Espasa Calpe, 1990).

***

Se empezaba a ver luz de fondo.

Tras el éxito venteño, Sánchez Puerto tenía la fundada y lógica esperanza tanto de encontrar un apoderado que luchara por sus intereses, como de verse anunciado en el ciclo de San Isidro de 1987 por partida doble.

Sin embargo, ninguno de los dos extremos se cumplió en los meses posteriores al triunfo.

Su hermano Víctor era quien seguía bregando en los despachos, y Manuel Chopera solo le ofreció una corrida en el ciclo madrileño. Una de las buenas, sí, con Julio Robles y Ortega Cano, pero solo una. Y ante esta situación, el torero volvió a alzar la voz en *El País* el mismo día del festejo[7].

Además, se produjo otra circunstancia poco favorecedora. Dos días antes de realizar el paseíllo en Madrid, que tuvo lugar el 2 de junio, el manchego sufrió una voltereta en la plaza de toros de El Espinar (Segovia), propinada en un entrenamiento por un toro de Concha Navarro al ser arrollado y caer de cabeza mientras lo recibía a la verónica. De hecho, veinticuatro horas antes de la corrida, el de Cabezarrubias del Puerto se encontraba postrado en cama con un collarín para evitar que la dolencia se acrecentara.

A pesar del contratiempo, Sánchez Puerto no podía permitirse dejar pasar la oportunidad de hacer el paseíllo en Las Ventas, junto a dos figuras, apetecibles toros de Felipe Bartolomé, y la presencia de las cámaras en directo de Televisión Española, lo cual añadía una relevancia notable a la cita.

Pierna contraria adelantada, ofreciéndola, y mentón hundido, entregado en el arrebatado lance realizado en el quite de Sánchez Puerto a un toro de Julio Robles el 2 de junio de 1987.

Sin embargo, de los seis toros de aquella tarde, únicamente dos no embistieron, y ambos fueron a parar al lote de Sánchez Puerto.

El triunfo no llegó, y el torero manchego se veía en la obligación de reafirmarse en sus próximos compromisos.

El primero de ellos llegó apenas dos semanas después de la corrida isidril. Concretamente el 15 de junio. Sánchez Puerto volvía a Ciudad Real para lidiar toros de Juan Pedro Domecq –aunque finalmente solo se lidió uno de este hierro– junto a Manzanares y Paco Ojeda, con el añadido de las cámaras en directo de Televisión Española de nuevo, si bien la emisión fue cortada en el último toro de la tarde; precisamente en el que Sánchez Puerto pudo plasmar su concepto del toreo y le abrió la puerta grande.

A hombros con una corrida de Juan Pedro Domecq en Ciudad Real.

***

El 15 de agosto de aquella temporada de 1987, se abrieron para Sánchez Puerto las puertas de la plaza de toros de Gijón, coso con el que mantendría un estrecho vínculo desde entonces por motivos que se acercan a la tragedia unos, y que celebran el triunfo otros.

Quiso el destino que el toro de nombre *Chivito* (al que cortó dos orejas) hiriera al manchego gravemente en este paseíllo, sobre lo cual informaba el diario *Lanza* el 16 de agosto[8].

El parte médico, redactado por el doctor Inocencio Fernández, terminaba con la siempre inquietante frase: «Pronóstico grave»[9].

Merced a la faena realizada al toro que le hirió, a Sánchez Puerto le fue otorgado el Premio a la Mejor Faena de la Feria de Gijón 1987, concedido por la Federación de Peñas de la ciudad, y a finales de año, el 5 de diciembre, se inauguraría en la ciudad norteña una peña taurina con el nombre del torero de Ciudad Real.

A raíz del revuelo causado por la cogida y, sobre todo, por la calidad de aquella faena, los lazos entre Gijón y Sánchez Puerto se acrecentaron.

Además del citado Premio a la Mejor Faena, se establecieron vínculos de amistad que han perdurado en el tiempo.

Cabe mencionar que durante el año 1987 el nombre de Víctor Sánchez, incipiente aprendiz de torero por aquellas calendas, empezó a aparecer ligado al de su tío.

Así, el 26 de julio Sánchez Puerto apadrinaría a su sobrino en Cabezarrubias del Puerto, donde hizo su presentación el joven becerrista.

Sánchez Puerto y su hermano Víctor flanqueando a sobrino e hijo, respectivamente, el día de su debut en público en Cabezarrubias el 26 de julio de 1987, fecha en la que se tomó esta instantánea.

En los años venideros esta unión entre tío y sobrio se afianzó, no solo a nivel familiar, sino también profesional.

***

UN SUPERHOMBRE LLAMADO SÁNCHEZ PUERTO
Víctor Sánchez Cerdá (Víctor Puerto)*

Al citar el nombre de Antonio Sánchez Fernández, «Sánchez Puerto» en los carteles, en mi cabeza se agolpan innumerables anécdotas vividas con el torero.

Sin embargo las mismas se duplican cuando las observo con el prisma de quien las vive con la persona, con el amigo, con el tío, y con el Maestro.

Me es difícil comenzar, pues considero que he tenido la fortuna, no solo de beber de una de las fuentes más puras del toreo, sino de zambullirme en sus aguas de sabiduría y torería.

La historia con mi tío comienza allá por el año 1973, siendo padrino de mi bautizo, y desde entonces es fácil imaginar los privilegios que, como niño, y más tarde no tan niño, tuve la oportunidad de vivir.

Tengo recuerdos de ir a entrenar con mi tío; de viajar con mi padre (el gran «culpable» de la saga Puerto) para comprar toros a tierras salmantinas y poder entrenar a puerta cerrada; de viajes con la cuadrilla los días de corrida en aquel entrañable Peugeot ranchera prestado por el querido doctor Recio, de disfrutar los triunfos, y de llorar las cornadas. En definitiva, de vivir la grandeza de cada momento estando al lado de mi ÍDOLO.

Quiero recordar que en todos los eventos importantes en mi vida taurina ha estado presente mi tío Antonio, siempre con un saber estar encomiable; a veces compartiendo cartel, como fue mi debut en público en Cabezarrubias, o acompañándome en mi primer viaje a Quito siendo triunfador de los novilleros en Europa en el año 1994. Siempre hace falta tener a alguien al lado con la cabeza bien amueblada, y en aquellos tiempos más si cabe.

Hemos compartido algunas tardes como matadores de toros, aunque no tantas como a mí me habría gustado. Lo he sufrido como compañero de cartel, pues su pureza y forma de interpretar el toreo, cuando le brotaba, hacía harto difícil volver a captar la atención del aficionado.

Hoy en día es un regalo para los sentidos el verlo en el campo.

Su toreo, puro y natural, alcanza una bellísima imperfección que hace que sus intervenciones sean un oasis en el desierto de la técnica y perfección que últimamente camina la Tauromaquia.

Podría contar miles de anécdotas. No obstante, expresaré una de las razones por las que admiro tan profundamente a este superhombre; no sé si Nietzche estaría completamente de acuerdo conmigo en la definición de «suprahombre» ya que muchos de sus puntos definitorios no encajan plenamente, pero sí coincidimos en su concepción teórica: «Se refiere al hombre capaz de superarse a sí mismo y a su naturaleza». Y a continuación detallo porqué para mí el Maestro es un superhombre.

Con la experiencia que me ha dado el torear más de mil corridas de toros a lo largo de mis años de alternativa, de protagonizar temporadas en Europa de cien corridas, de pasar los inviernos haciendo campaña en América, de no parar de torear prácticamente ningún día, no me duelen prendas en decir que me costaba trabajo volver a empezar cada nueva temporada.

Y es en esta circunstancia cuando se me vienen al recuerdo esas temporadas en las que el Maestro se vestía de luces una sola tarde, y era en Madrid.

Hay que ser un auténtico superhombre y sentir muy dentro el toreo para afrontar tu futuro a una sola carta de esta manera.

Recuerdo como si fueran hoy mismo aquellos entrenamientos, en los que yo contaba con siete u ocho años. Bajábamos a la huerta de Poli, en Alcorcón, donde apilábamos alpacas de paja en forma de toro, y yo me sentaba en la parte de delante sobre un cubo de pintura con los pitones para obedecer si llegaba bien la muleta en la realización de la suerte.

Junto con el patriarca taurino, mi padre, recuerdo el ir los tres a torear de salón a las plazoletas de la Casa de Campo, donde, algunos días, coincidíamos con los hermanos De la Serna, Victoriano y José Ignacio; y en aquellas ocasiones el toreo fluía en su más bella expresión.

A falta de toreo en el campo, el Maestro lo suplía paseando algunas tardes en Colmenar del Arroyo, donde pasta la ganadería de Alfredo Quintas, pero no toreando, sino simplemente metiéndose en el corral de los toros destinados a las calles, generalmente los más grandes –para mí, en aquel momento, auténticos gigantes–, con el fin de sentir la mirada, el olor y la respiración de aquellos descomunales toros, y que se asemejaban en volumen a los que, días más tarde, tendría que ponerse delante mi tío con capote, muleta y espada.

Con este entrenamiento tan sui generis forzado por las circunstancias, y con una voluntad indestructible, se presentaba el Maestro en Las Ventas, donde he disfrutado como un niño de sus triunfos, quizás más que de los míos propios años más tarde en esa misma plaza, como aquella tarde con un traje blanco y oro en la que cuajó a la verónica de una manera magistral a un toro de Pilar Población, su salida a hombros aquel 15 de agosto de 1986, o la oreja cortada a astifinísimos toros de Manolo González en una Feria de Otoño justo un mes más tarde, o aquel San Isidro en el que bordó el toreo a una corrida de Victorino Martín.

Por esto, y por muchísimo más, mi respeto y admiración al Maestro, y mi amor incondicional para mi padrino, amigo y tío, Antonio Sánchez Fernández.

* Víctor Puerto es matador de toros. Tomó la alternativa en Ciudad Real el 9 de abril de 1995. Entre otros muchos logros, ha conseguido salir a hombros por la puerta grande de Las Ventas de Madrid en dos ocasiones durante la Feria de San Isidro de 1996.

***

Los toques de atención de los dos últimos años, fundamentalmente en Madrid, pero sin obviar los triunfos en otras plazas (Gijón, Ciudad Real…), tuvieron un fugaz e inconcluso fogonazo de recompensa a partir de la temporada de 1988, en la que los paseíllos fueron más numerosos, sobre todo en plazas de capitales de provincia, aunque no en Madrid por San Isidro.

Se pidieron dos corridas, sin exigir hierro alguno, pero la oferta fue en singular, y la propuesta fue rechazada por el ciudarrealeño.

No hubo acuerdo, y el de Cabezarrubias, con gran disgusto, no tomó parte en el serial madrileño de aquella temporada de 1988.

Llegados los meses caniculares de mayor intensidad taurina, el manchego hizo el paseíllo a mediados de agosto en Gijón, plaza de la que salió a hombros tras torear con «buen gusto, empaque y profundidad», según noticia aparecida en *Lanza*.

Salida a hombros de Gijón. Fotografía: Domingo.

Tanto la afición gijonesa como su empresario cumplieron la promesa del año anterior, contando con Sánchez Puerto como base del abono que conmemoraba el centenario de la plaza norteña.

Finalmente, la prometedora temporada de 1988 se saldó sin clamores ni muestras de desaprobación.

Fiel a una personal filosofía del toreo, a Antonio seguían enseñándole la cara de la moneda solo de vez en cuando.

UN TREN CÁRDENO

La temporada de 1989 vino marcada por la que quizás sea la actuación más recordada de Sánchez Puerto en la plaza de Las Ventas. Por varios motivos.

Uno de ellos, el toreo desarrollado por el manchego en la arena madrileña la tarde del 5 de junio, sin olvidar el hecho de que se trató de una corrida emitida por Televisión Española en la que también tomaron parte Ruiz Miguel y Luis Francisco Esplá.

En el túnel de cuadrillas de Las Ventas el 5 de junio de 1989, antes de enfrentarse a la corrida de Victorino Martín, junto a Josele y su fiel banderillero y fraternal amigo Luis Miguel Villalpando.

Además, los prolegómenos del festejo habían venido «calentitos».

Ante la baja de Litri en el cartel del martes 9 de mayo, Sánchez Puerto se había ofrecido para ocupar su puesto, respaldado por la buena impresión dejada el 5 de marzo en ese mismo coso.

La empresa desoyó su proposición, y el manchego volvía a jugárselo a una carta. Y los naipes venían marcados con la A coronada de Victorino Martín.

El apodado «Paleto de Galapagar» realizó unas declaraciones como prólogo de su corrida en la que apostaba –a su manera– por Antonio Sánchez Puerto. El genio de la ganadería moderna declaró:

> «Mis toros, que dan el carné de torero, dirán si Sánchez Puerto puede ser figura. A mí me gusta, y creo que está capacitado, pero deberá demostrarlo esta tarde».

Por su parte, el torero ciudarrealeño, que había pedido dos corridas pero había vuelto a ser desoído, declaraba en el mismo diario:

> «Pedí ésta y otra, para tener dos oportunidades, lo que considero justo según mi trayectoria en Madrid, con muchos triunfos. Pero sólo me dieron ésta, y gracias».

Pasando por el pitón derecho al primero de sus "victorinos" lidiados el 5 de junio de 1989 en Las Ventas. Ceñimiento y toreo también con el pecho. Fotografía: Botán.

Antonio concluía su manifestación afirmando que, si los toros salieran embistiendo, como ocurre algunas veces, los torearía con su estilo artístico:

«Y si salen alimañas [finalizaba], los podré con dignidad».

Y pudo. Desde luego. Con capote y muleta, aunque no con la espada en el toro clave, en un nuevo regate de la suerte en el que se dio la circunstancia de matar de magnífica estocada a su primer toro (de hecho recibió varios premios a la Mejor Estocada de la Feria por este volapié), con el que dio la cara en una faena brillante en algunas fases por el pitón derecho, pero que no llegó a ser de triunfo.

En cambio, pinchó a su segundo, el toro al que cuajó un sensacional toreo al natural, y que, quizás, le podría haber puesto en el camino de figura, siguiendo las palabras difundidas por Victorino Martín.

Gran natural al encastado sexto de Victorino.

En aquel sexto toro de la tarde confluyeron varios factores que desembocaron en una creación artística de gran calado. Entre ellos, la buena condición del «victorino» y los conocimientos técnicos ya ampliamente asimilados por Sánchez Puerto, los cuales sirvieron de sustento para la plasmación personal de su sentir artístico aquella tarde, y que tuvieron como cénit varias extraordinarias series con ambas manos, si bien las interpretadas con la zurda fueron las que acapararon mayores elogios, pues los naturales surgieron cálidos, armónicos, deletreados. Y sobre todo, sentidos; por torero y público. Al unísono.

Natural de Sánchez Puerto la tarde del "tren cárdeno". Fotografías: Botán.

Aquel fue un tren que pasó delante del torero manchego; un tren cárdeno por fuera, el cual, dentro, albergaba magníficos asientos de brillante terciopelo.

Mas para conocer con mayor detalle qué ocurrió aquel 5 de junio en Las Ventas, sugerimos consultar las crónicas publicadas al respecto, tanto por Vidal como por Zabala y la prensa local[10].

Arriba, conduciendo la acometida del toro cárdeno por el pitón derecho. Abajo, cierre de faena a su segundo toro de Victorino. Fotografías: Botán.

Para rematar este apartado, y aludiendo a la tan humana costumbre de elucubrar sobre lo que pudo ser y no fue, no nos resistimos a afirmar que tal hábito resulta esfuerzo baldío.

Arriba, así mató Sánchez Puerto a su primer "victorino". Por esta estocada le fueron otorgados varios premios a la Mejor Estocada de la feria. Abajo, Ciudad Real, agosto de 1989.

El único favor que le debemos al devenir del tiempo es que nos eleva hasta atalayas donde la historia se nos presenta como un escenario desde el que podemos observar, en perspectiva, hasta los últimos rincones; pero sin poder alterar su discurrir.

Allí quedó aquella faena, que perdura en la memoria de los que la vieron y vivieron, tanto en la plaza como por la pequeña pantalla. Nada más, y nada menos.

***

MÁS OÍDO QUE VISTO
LUIS MIGUEL VILLALPANDO*

Debo empezar diciendo que Antonio Sánchez Puerto es un miembro más de mi familia. Algo así como un hermano mayor con el que comparto innumerables sentimientos. Por tanto, no sé si en estas líneas conseguiré evitar caer en el apasionamiento que una persona como Antonio despierta en mí.

En nuestro caso, el lazo fundamental de unión fue, y es, el toreo. Pero no cualquiera. Sino uno que nace del clasicismo y que busca la pureza.

Conozco a Antonio desde principios de los años 80, cuando tanto él como su hermano llevaban poco tiempo en Madrid, y luchaban por encontrar un hueco en el humeante ambiente taurino de la época, tan distinto del actual.

En aquella pareja se aunaba un magnífico aficionado como es Víctor Sánchez Fernández, uno de los mejores que yo he conocido, y un torero excepcional como es Antonio Sánchez Puerto, un torero que atesora una particularidad: al no haber toreado mucho, por haberlo hecho con un sello tan personal, es un torero más oído que visto. Es decir, todos saben quién es Sánchez Puerto, pero pocos han tenido la oportunidad, o suerte, de verlo en directo.

Yo sí puedo decir que he gozado de ese privilegio.

Y es que el elogio, dependiendo de quién provenga, puede ser tenido por más fiable o por más dudoso. Y en el caso de Antonio, el hecho de que aficionados y toreros de tanta solera se hayan declarado admiradores de su toreo, evidencian que Sánchez Puerto no ha sido uno más.

Se han cantado muchos aspectos de su toreo, y todos con fundamento. Sin embargo a mí me gustaba especialmente su toreo por alto a dos manos, con esa majestuosidad sin efectismos, esa naturalidad, esa torería tan personal que Antonio posee, y que tiene un regusto de antaño, aun siendo actual.

Antonio siempre ha sido, y será, uno de mis toreros. Capaz de, en tres muletazos, elevarme a otra época, a otros tiempos no tan lejanos pero sí distantes de lo común. Un gran torero más oído que visto.

* Luis Miguel Villalpando fue novillero con picadores y, a partir del año 1987, banderillero, militando a las órdenes de toreros como José Luis Palomar, Antonio Sánchez Puerto, Manuel Caballero, Matías Tejela o Diego Urdiales, de quien es apoderado.

***

El año 1990 supuso un cambio drástico en la dirección de la plaza de Las Ventas.

Después de la gestión de Manuel Chopera a lo largo de 10 temporadas, la familia Lozano tomaba las riendas del coso de mayor importancia del orbe taurino.

La acreditada saga de taurinos toledanos heredaron una plaza de Madrid en auge, pero también un toro de volumen desproporcionado, que se paraba demasiado pronto y embestía mucho menos de lo deseable. Y para su primera corrida organizada en la plaza de la calle Alcalá, sabedores del gran ambiente

Ante un toro de Murteira en el debut de la familia Lozano en Madrid. Fotografía: Gil.

con que contaba el torero manchego, quisieron contar con Sánchez Puerto para lidiar toros portugueses de Murteira.

Poco reseñable ocurrió en 1990. Antonio seguía anhelando medirse con las figuras, lo cual, por añadidura, llevaba implícito el verse anunciado con ganaderías que ofrecieran mayores garantías para plasmar su concepto del toreo.

Inicio de faena a un toro de Conde de la Maza en Ciudad Real en junio de 1990. Fotografía: Herrera Piña.

Cuando, a comienzos de la temporada de 1991, Sánchez Puerto consiguió entrar en San Isidro para estoquear la corrida de Francisco Galache, una de las más apetecidas por las figuras y portadora –a priori– de embestidas con posibilidades de expresar su tauromaquia, Antonio no cabía en sí de gozo.

La ilusión le desbordaba en los días previos a este compromiso. Era algo así como tener invitación con día y hora para disfrutar de un festín que a la postre no fue tal. Cuatro de los de Galache fueron devueltos a los corrales por inválidos, y otro más fue rechazado en el reconocimiento veterinario.

Al año siguiente, 1992, Sánchez Puerto tuvo que volver a enfrentarse a corridas que ofrecían menguadas opciones de triunfo. Y para muestra un botón; el 24 de mayo el manchego sustituyó a El Fundi en Las Ventas en un festejo en el que se lidiaron, sin brillantez, toros de Dolores Aguirre. El lote del torero manchego promedió 624 kilos de peso, y resultó el de menores posibilidades de éxito de la tarde.

A estas alturas en Antonio seguía vigente el no renunciar a su concepto taurino, enfrentado con el toreo productivista, e inspirado en la radiante simplicidad de lo natural, lo cual redundaba en una reputación de buen torero respetada por el aficionado de siempre, ya en franca desventaja numérica con respecto al público de aluvión.

La temporada de 1993 tuvo como punto álgido la tarde en la que cortó tres orejas a toros de Gabriel Rojas en Ciudad Real, en una de sus mejores actuaciones en el coso manchego. No se le había olvidado torear.

Aquel año, en un rasgo más de hidalguía, a pesar de lo cortito en contratos, prefirió rechazar corridas a contraestilo que le fueron ofrecidas para actuar en Madrid o en cosos de su terruño. Las oportunidades pueden ser, a veces, como hemos referido en líneas previas, el eufemismo utilizado para designar una trampa en la que hay que intentar no caer más de una vez.

No obstante, aquel año tuvo lugar un festejo especial en el plano personal, el cual podría ser considerado de categoría menos relevante, aunque sí aglutinó una intensa carga emotiva para Sánchez Puerto y sus paisanos.

El manchego vio materializado su anhelo de volver a torear en su querido Valle de Alcudia, en la aldea de La Bienvenida, allí donde pastoreó y soñó con

Natural a uno de los toros de Marqués de Domecq lidiados en el festival benéfico de La Bienvenida.

el toreo siendo niño. Una tierra de acusada historia ganadera en la que el toro de lidia tuvo y sigue teniendo presencia; a mediados del pasado siglo en Hato de Garro, emblemática finca del gran Victoriano de la Serna, o la punta de ganado de lidia que tuvo Paco Alcalde cerca de La Bienvenida; y actualmente con la vacada de Javier Gallego y sus hijos, la de Toros de Mollalta, la de Tomás Martínez, y el homenaje que rinde José Ignacio de la Serna criando sus jaboneros de Veragua en la misma hacienda en la cual lo hizo su padre.

Retomamos la senda anterior señalando que fue Sánchez Puerto, con gran ilusión y esfuerzo, junto a su paisano y gran amigo José Luis Fernández, quienes abordaron la organización del festival benéfico en el que tomaron parte, con sobresaliente éxito artístico y de público, el propio Sánchez Puerto, y los novilleros Víctor Puerto y José Ignacio de la Serna hijo.

Aquella tarde del 19 de abril de 1993 quedó en la memoria de muchas gentes, incluida la del propio torero ciudarrealeño, quien vio realizado su sueño de sufragar el acondicionamiento de la capilla de la Virgen de las Candelas.

De hecho, algo nos hace pensar que Antonio pudiera haber venido al mundo a la vera de esta Virgen, figura por la que siente sincera devoción, y que se remonta a sus años de correrías infantiles en aquellos parajes.

**

En estos años Sánchez Puerto continuó haciendo el paseíllo en Las Ventas, aunque de manera menos frecuente; una de ellas fue la tarde del 26 de junio de 1994, frente a toros de Los Eulogios, y que sería su penúltima actuación en el ruedo capitalino

Madrid, 26 de junio de 1994. Fotografía: Botán.

Según recoge la crónica del semanario *El Ruedo*, en el inicio de faena a su primero, una voz del tendido 7 gritó: «¡Venga Antonio, que nos acordamos!», en memoria de, según la crónica de Norberto Carrasco, sus tardes «de hondura y ortodoxia».

***

TORERO DE MADRID
Alfonso Santiago*

A lo largo de los años, ante la mirada de los aficionados, pasan muchos toreros. Pero no todos calan de la misma manera. Ni su huella tiene igual profundidad. La memoria en el mundo de los toros suele ser muy selectiva. El arte no se entiende de manera contable, de ahí que para algunos matadores de toros importan poco los números o las estadísticas, y sí mucho más el pellizco que en el alma de los aficionados hayan sido capaces de provocar.

La plaza de Las Ventas entiende mucho de todo eso, porque en sus noventa años de existencia como timón del toreo, viendo pasar por su arena a todas las grandes figuras de las distintas épocas, entregándose ante el magisterio y la autoridad de los que han mandado en los despachos y ante el toro, siempre ha reservado un sitio de privilegio para quienes con su capote y su muleta han sido capaces de despertar lo que otros, aún con más oficio, técnica, poder y contratos, no lo han conseguido.

Para Madrid ha importado menos medir el estatus de los toreros siempre y cuando esos toreros hayan deslumbrado con retazos de arte auténtico, natural, nada impostado. Si un torero ha desvelado el secreto del toreo de manera cabal... ese torero ha pasado a formar parte de la historia de la Monumental sin tener en cuenta hasta dónde haya podido llegar. No son pocos los ejemplos de «toreros de Madrid» alejados de los primeros puestos del escalafón pero en primera línea a la hora de sacar sus nombres a relucir en esas tertulias donde se habla de toros con afición verdadera, sin resentimiento, sin sentencias vacuas, sin otro interés que el de seguir disfrutando de una pasión.

Lo maravilloso es que algún torero no figura también se ha convertido con el pasar del tiempo en «torero de toreros». Y no es de extrañar, porque los hombres que visten de luces saben mejor que nadie lo difícil que es serle fiel a un concepto y a una determinada manera de expresarse cuando, quizá, por otros caminos el dinero y la fama hubiesen llegado sin tantos obstáculos e incomprensiones. Esa fidelidad a unas formas suponen un verdadero tesoro para vencer el paso del tiempo. De ahí que, frente al olvido en el que caen algunos, otros, por el contrario, agrandan su recuerdo. Seguramente los primeros torearon mucho más, pero los segundos ganaron la batalla a los años con un reconocimiento indeleble... Así lo ha hecho Antonio Sánchez Puerto.

El torero manchego ha alimentado la afición a muchos de quienes le vieron torear en Madrid, tanto en la añorada Vista Alegre, la antigua Chata, allí donde tomó la alternativa, como en Las Ventas, el escenario que mejor le entendió y disfrutó. Desde luego que hubo muchas tardes de sabor agrio, de tenérselas que jugar a una sola carta, con los toros duros y grandes del verano, animales que no nacieron para dar gloria a nadie, pero con los que Sánchez Puerto demostró su valía y su arte.

Aquellas extraordinarias verónicas a un toro de Pilar Población del Castillo en agosto de 1983, todo un canto al mejor toreo con la tela rosa, supusieron una revelación. Pero no era nuevo ver a Sánchez Puerto en Las Ventas. De novillero ya dejó su estela desde la misma tarde en la que debutó el 2 de mayo de 1976 al cortar una oreja a un utrero de Jiménez Pasquau. Esa actuación le valió la repetición ese año, y otras cuatro tardes en 1977. Luego llegó su alternativa en 1978, y hubo de esperar hasta 1980 para volver a torear en Las Ventas, ahora ya sí como matador de toros, y para confirmar su alternativa en una corrida goyesca en el mes de septiembre. Tras esa tarde llegó otra incomprensible espera hasta 1983, cuando le pusieron a comienzo de agosto y dio una gran tarde con una corrida de Rocío de la Cámara. No hubo lugar a cortar orejas, pero sí a dejar una estela profunda en los aficionados.

Pocos días después repitió en Madrid... y llegó a cuajar ese toreo a la verónica que, aunque pasen los años, seguirá formando parte de la historia de la plaza madrileña. Ahí están las fotografías y «la película», como gustaba llamar a los viejos taurinos a las imágenes. Ni con unas ni con otras se pierde un ápice de la esencia profunda de unas verónicas nacidas desde el alma y trasmitidas al alma de quienes tuvieron la suerte de estar ese domingo de agosto en la piedra caliente de los tendidos venteños. Ese hilo del toreo del que nos habló el gran Pepe Alameda conectó el pulso y las yemas de Sánchez Puerto con el de los mejores intérpretes a la verónica de esa «Edad de Plata» en la que la verónica se convirtió en columna principal de la Fiesta.

Ese compás, ese desmayo, ese dejarse ir tras la embestida del torero manchego, ganando pasos hasta los medios para bordarlo en el remate, puso en pie a Las Ventas. El arte de Sánchez Puerto ahí quedó para los restos, y aunque jamás le abrieron las puertas como de verdad merecía su talento, su expresión y su sentimiento, que nadie venga a decir que el de Cabezarrubias del Puerto no fue uno de esos toreros que nos puso de acuerdo a los aficionados.

Luego llegaría la Puerta Grande de 1986, y la importante faena a un toro de Manolo González en la Feria de Otoño de ese mismo año, y sus extraordinarios naturales a un «Victorino», otra de las cumbres de los sanisidros de esos maravillosos años ochenta. Antonio no mató bien a ese toro al que le tenía cortadas las dos orejas, pero sí le enterró la espada de manera soberbia a su primero, con el que no fue posible hacer el toreo. Muchas veces he pensado lo que hubiese pasado de haber ejecutado ese formidable espadazo al toro que sí cuajó con la muleta. La gloria de una nueva salida en hombros hubiese llegado y los brazos que no se daban a torcer empecinada e injustamente en los despachos habrían cedido.

Pero las cosas vinieron como vinieron. Y no cabe lamentarse del pasado. Entre otras razones, porque mientras Sánchez Puerto estuvo en activo, e incluso una vez colgó el vestido de luces, todo el mundo supo la importancia de lo que con capote y muleta era capaz de hacerle a los toros. Por eso fue «torero de Madrid».

Y lo seguirá siendo así pasen los años. Porque Antonio meció el capote con sutileza y un personalísimo estilo, y se sintió muleta en mano con un aroma inconfundible. Se dice, y con razón, que tener personalidad delante de un toro es importantísimo. La de Sánchez Puerto tuvo un sello propio magnífico. En ocasiones pienso en lo afortunados que fuimos quienes le vimos de luces, y en lo afortunados que somos al poder seguir disfrutando en el campo, hoy en día, de esos goterones de toreo grande que regala el manchego cuando se encuentra con una vaca con esa calidad que tantas veces le negaron aquellos torancones desagradecidos de la canícula madrileña.

Fui, soy y seré partidario de Sánchez Puerto, porque su alma de artista, y su concepción torera, encajan a la perfección con lo que entendí, entiendo y entenderé siempre que es el toreo.

* Alfonso Santiago fue director adjunto del semanario *6toros6* entre febrero de 2013 y mayo de 2020. Es autor de títulos como *Miguel Ángel Perera, 2008, para la historia* (Pentaurus, 2009), *Memoria de los 80* (Círculo Rojo, 2018), *Por siempre Yiyo* (Círculo Rojo, 2021) o *Recuerdos de Tauromaquia* (Círculo Rojo, 2025).

LA DE PERALTA

El 9 de abril de 1995 Víctor Puerto tomaba la alternativa en Ciudad Real, si bien tío y sobrino no se encontraron en una puerta de cuadrillas vestidos de luces hasta el mes de agosto. Fue en la capital manchega, en el festejo de feria del día 18, el cual estuvo precedido por una intensa expectación.

Emotivo brindis de Víctor Puerto a su tío la primera tarde que coincidieron en un ruedo vestidos de luces ambos como matadores de toros. Fotografía: *Lanza.*

Enrazado recibo con larga cambiada de rodillas al primero de aquella tarde del toro de Peralta. Fotografía: *Lanza*.

Y la expectación no se tornó decepción.

Aquel día Sánchez Puerto cuajó una de sus mejores faenas en el coso de Ciudad Real[11]. Fue la faena al toro de Peralta.

Así se «bautizó» aquel trasteo realizado al cuarto de la tarde. Una obra que servía como sentida reivindicación personal, profesional y artística, que

Inicio de faena al toro de Peralta. Fotografía: *Lanza*.

dejó huella indeleble en la memoria taurina de quienes tuvimos la fortuna de presenciarla en directo en la plaza, aunque en principio estaba previsto que la corrida fuera televisada por Tele5, lo cual finalmente no llegó a producirse.

Como no podía ser de otra forma, la práctica totalidad de los trofeos como autor de la Mejor Faena de aquella Feria de la Virgen del Prado de Ciudad Real fueron a parar a manos de Sánchez Puerto.

Tal actuación llegó a despertar, incluso, inspiración poética a un destacado crítico taurino ciudarrealeño como fue Diego del Moral.

***

Tras el impacto que supuso la faena al toro de Peralta, Antonio aceptó ocupar el puesto dejado vacante por César Rincón en la corrida del 20 de agosto de ese año en Ciudad Real, con toros de Alejandro García. En la instantánea de *Lanza*, un pase de pecho del torero de Cabezarrubias aquella tarde.

***

A pesar del resonante éxito de 1995, el de Cabezarrubias no volvería a pisar el ruedo de Ciudad Real hasta seis años más tarde, en 2002; y no fue vestido de luces, sino de corto, en el festival del recordado y malogrado Reina Rincón, organizado por el banderillero Valentín Cuevas.

Especialmente clamorosa –y difícilmente justificable– resultó su ausencia en la feria de 1996, al ser el año siguiente a la «faena al toro de Peralta». Y

Antonio, que nunca anduvo con paños calientes en sus declaraciones, afirmaba estar seguro de que habían puesto precio a su cabeza[12].

En los años posteriores, las actuaciones de luces de Sánchez Puerto entran en una nebulosa. Sigue en activo, entrena a diario por vocación irredente, y toma parte en algunos festivales de su gusto, pero los paseíllos enfundado en el chispeante se desvanecen, a pesar de que el anhelo de plasmación de su toreo siguiera absorbiendo sus sueños.

***

En 2003 se cumplió el 25 aniversario de alternativa de Sánchez Puerto, lo cual no pasó desapercibido ni en la prensa local ni en portales taurinos, publicándose varios reportajes especiales recordando la carrera del torero ciudarrealeño, como por ejemplo la sentida entrevista realizada por Pla Ventura publicada en opiniónytoros.com en abril de aquel año, en la que, entre otras cosas, Sánchez Puerto afirmaba:

> «Posiblemente, no digo yo que algún núcleo de aficionados, por aquello de la poca publicidad que se me ha dado, podían haber pensado en mi retiro, pero es algo que jamás pasó. Y me temo que, como me queden fuerzas, tenemos Sánchez Puerto para mucho rato».

Para conmemorar el señalado aniversario, el 28 de julio se celebró en Cabezarrubias del Puerto una corrida especial, en la que, mano a mano, y exitosamente, tomaron parte el propio Sánchez Puerto y Víctor Puerto.

NO SE HABÍA IDO

Como se puede deducir ante la paulatina reducción de actuaciones de Sánchez Puerto desde mediados de los años 90, hacía tiempo que el diestro ciudarrealeño se encontraba al otro lado de la orilla.

Tan solo decidía tomar parte en corridas aisladas, como la celebrada -con lección de toreo- en Lerma el 8 de septiembre de 2005, las cuales permitían reivindicar el hecho de que Sánchez Puerto no se había retirado, y que seguía dispuesto a verse anunciado si las condiciones ofrecidas le parecían mínimamente aceptables.

Pero quiso el destino –o lo que fuese– que se contara con Sánchez Puerto para tomar parte en la corrida celebrada el 21 de mayo de 2006 en la flamante plaza de toros ciudarrealeña de Bolaños de Calatrava, reinaugurada un año antes.

Recibo a su primer oponente el 21 de mayo de 2006 en Bolaños de Calatrava. Fotografía: Cristina Rubio.

La corrida a lidiar –de Juan Valenzuela– propició que el torero del Valle de Alcudia cortara tres orejas y su nombre volviera a sonar, justo el día en que se cumplían 28 años de su alternativa en Vistalegre.

Fue un éxito sorprendente para algunos, ya que el nombre de Sánchez Puerto parecía haber pasado a formar parte del recuerdo. Mas no era así.

El de Cabezarrubias seguía soñando con el toreo y, si los toros se lo permitían, todavía era capaz de dar luz con su personal concepto de Tauromaquia.

Este inesperado toque de atención, que tuvo aún mayor relevancia al ser un festejo retransmitido por Castilla-La Mancha Televisión, evidenció que Sánchez Puerto no se había ido, y le abrió las puertas del cartel estrella en la feria de Ciudad Real en 2006, junto a Rivera Ordóñez y José María Manzanares hijo, con toros de Gerardo Ortega.

Sánchez Puerto dialogando con José María Manzanares hijo en el patio de cuadrillas de Ciudad Real, con cuyo padre también había compartido paseíllo el de Cabezarrubias. Fotografía: Cristina Rubio.

Como preparación previa a un compromiso de tal importancia, Sánchez Puerto tomó parte en varios tentaderos y algún festival.

Volvía, después de once años, a torear vestido de luces en la plaza de toros de Ciudad Real, hecho que levantó encendidos elogios entre los aficionados de la capital manchega, quienes obligaron a saludar al torero paisano antes de que su primer oponente saltara al ruedo, en muestra de respeto y consideración ganada a lo largo de tantos años.

Había pasado el tiempo, pero la memoria de lo realizado por Sánchez Puerto en el ruedo de Ciudad Real permanecía presente. Era de justicia.

No obstante, dos no bailan si uno no quiere, y los toros de Gerardo Ortega que le cupieron en suerte –o en desgracia– privaron a Sánchez Puerto y a la afición de disfrutar de su vuelta a Ciudad Real.

La ilusión que esta corrida había despertado en todos, incluido, por supuesto, el torero, que lució un vestido de estreno verde hoja y oro para la ocasión, quedó en bala de fogueo.

Del mismo modo se frenó un planteamiento de temporada posterior que se había empezado a articular en la mente del torero manchego, en el cual no se descartaba, incluso, volver a Madrid.

***

El último paseíllo vestido de luces de Sánchez Puerto tuvo lugar de nuevo en la plaza de toros de Bolaños de Calatrava.

Sánchez Puerto de luces (Bolaños de Calatrava, 5 de julio de 2009). Fotografía: Cristina Rubio.

Fue con ocasión de la corrida a beneficio de la Asociación Española de Esclerosis Múltiple, celebrada el 5 de julio de 2009, auspiciada con gran éxito por José Luis Fernández, presidente de la Asociación Cultural Taurina Sánchez Puerto de Cabezarrubias.

Se trató de un mano a mano con su sobrino Víctor, quien indultó un gran toro de Guadalmena, mientras que Sánchez Puerto, por su parte, cortó tres orejas en una tarde histórica por tratarse, sin saberlo, pero intuyéndolo, de la última corrida con el chispeante del torero ciudarrealeño.

***

Una vez apaciguado el fuego de la lucha por torear vestido de luces, lo que el torero manchego ha ido atesorando es el reconocimiento de la afición y de la torería andante, pasando a ser considerado, por muchos, torero de toreros.

Verónica en el festival homenaje al fiel amigo y banderillero Luis Miguel Villalpando, celebrado en junio de 2015 en su pueblo zamorano. Fotografía: Julio César Sánchez.

Varios han sido los reportajes que el torero manchego Puerto ha seguido protagonizando en publicaciones especializadas.

También ha recibido reconocimientos manifiestos, como el brindis realizado por Diego Urdiales a Sánchez Puerto en la Feria de San Fermín 2015, calificándole, sin reparos, como «uno de los mejores toreros que he visto», después de que ambos hubieran compartido paseíllo días antes en un festival en homenaje al leal banderillero de ambos, Luis Miguel Villalpando, en el pueblo zamorano del que –él también– tomó el apellido artístico.

Aquella tarde Urdiales se fundía con Sánchez Puerto en un abrazo rebosante de admiración al término de la faena del torero manchego a un utrero de Sánchez Arjona.

Meses más tarde, en un acto celebrado en Cabezarrubias del Puerto, y preguntado el porqué de aquella efusiva felicitación, el riojano, con su sinceridad y medida palabra, simplemente declaró: «Porque vi torear como yo aspiro a hacerlo.»

Que un torero como Diego Urdiales, poseedor de un concepto de enorme pureza y naturalidad, realice tal afirmación merece la mayor de las consideraciones, tanto para quien la hizo como hacia quien iba dirigida.

Brindis de Diego Urdiales a Sánchez Puerto en San Fermín 2015.

***

ANTONIO SÁNCHEZ PUERTO
DIEGO URDIALES*

Yo era un niño, pero todavía recuerdo aquellos naturales de Madrid.

Sin saber todavía el porqué, el toreo del maestro Sánchez Puerto me despertaba un algo muy especial.

Con el paso del tiempo pude entender aquel sentimiento que aún palpita en mí... Su pureza, su inmensa expresión, su hondura, su personalidad...

La fortuna y, sobre todo, la gran amistad que el maestro comparte con mi apoderado, Luis Miguel Villalpando, banderillero de Sánchez Puerto durante gran parte de su trayectoria profesional, han propiciado que tuviera la oportunidad de conocerlo personalmente, y unirme a esa entrañable amistad que ambos se profesan, y de la que ahora me siento parte.

En los últimos años he podido compartir inolvidables momentos hablando de lo que más nos apasiona, que no es otra cosa que el Toreo. Con mayúsculas.

Juntos hemos saboreado días de toreo en el campo maravillosos, e incluso he tenido la suerte de poder compartir cartel con él en un festival en homenaje a mi apoderado en su pueblo zamorano de Villalpando. Y lo que me hizo sentir su toreo aquella tarde fue tan grande que, cuando yo salí detrás, tuve que coger aire para recuperarme después de lo que había visto hacer a su novillo a ese gran torero ciudarrealeño que es Antonio Sánchez Puerto.

Me siento orgulloso de poder llamar amigo a uno de los toreros a los que más admiro; uno de los que más intensamente me ha hecho sentir, y de los que mejor he visto torear.

¡Gracias Maestro!

* Diego Urdiales es matador de toros, y está considerado uno de los más preclaros intérpretes del toreo clásico. Entre sus logros figuran salidas a hombros de plazas como Bilbao, Madrid o Sevilla.

***

Desde aquella referida tarde del 5 de julio de 2009 en Bolaños de Calatrava, Sánchez Puerto no ha vuelto a enfundarse el traje de luces. Y poco riesgo hay de equivocarse si decimos que no volverá a hacerlo, tras permanecer en activo como matador de toros durante más de tres décadas.

Sin embargo, a pesar de no haberse tratado de una carrera abundante en lo numérico, pocos pueden cuestionar la profunda huella de respeto y admiración que Antonio Sánchez Puerto ha grabado en quienes le vieron torear; por su concepción del toreo como un arte de armonía estética natural, por sentirlo y haber sido capaz de plasmarlo, y por una hidalga trayectoria de respeto y amor a su vocación. No olviden que Sánchez Puerto ha sido, y es, todo un torero.

HULE

A pesar de ser enemigos de la tragedia en cualquiera de sus variantes, quizás no fuera acertado obviar los percances sufridos por el torero alcudiano.

No se libró Sánchez Puerto de pasar «por el hule», es decir, de yacer en la camilla de una enfermería producto de las cornadas, peaje de sangre a veces ineludible para la conquista del disfrute propio y ajeno.

Tres fueron las heridas de consideración. La primera se produjo en 1972, en San Sebastián de los Reyes, en la axila; la segunda tuvo lugar en Gijón en 1987, en el muslo derecho al entrar a matar; mientras que la tercera, en el cuello, acaeció en un festival celebrado en Hoyo de Pinares en 1990, logrando salvar la vida por milímetros, poniendo de manifiesto que la desgracia puede tener lugar en cualquier escenario y ante cualquier antagonista, bien sea este un cuatreño en puntas, o un novillo arreglado.

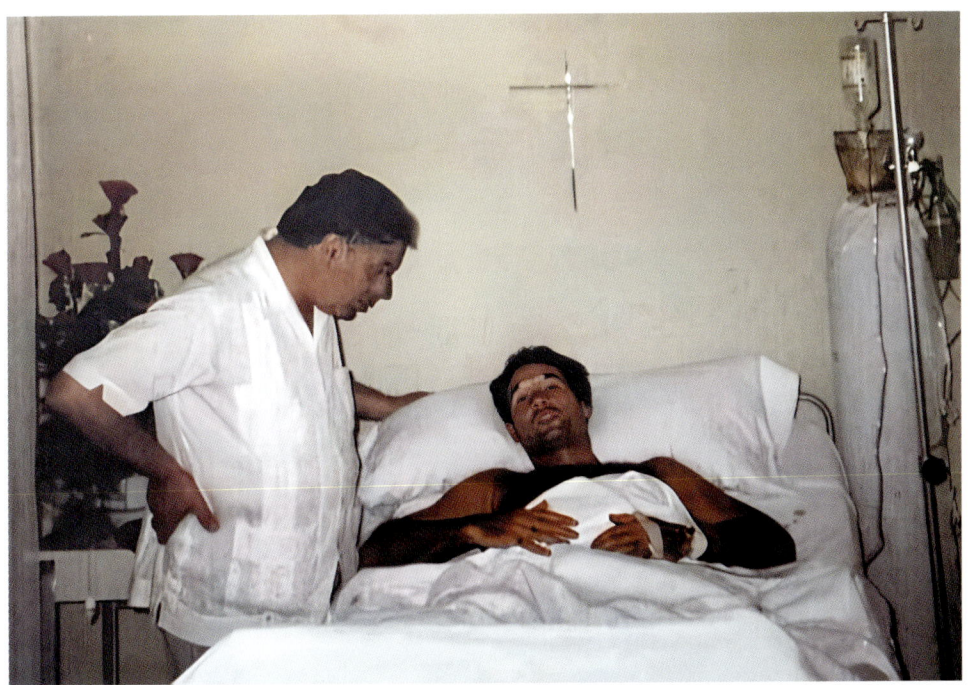

Junto a Juan Martín "Juanele", crítico taurino y buen amigo del torero. Gijón, 1987.

DE TENTADERO

Los toreros lo son porque como tal nacen, se hacen o, sobre todo, porque así se sienten. Pero lo son más aún si torean, aunque sea una becerra.

Ganadería Virgen María. Fotografía: Verónica Covisa.

Sánchez Puerto nunca ha dejado de torear en privado en el campo. Aunque también lo ha hecho en público en plazas de toros, en tentaderos a beneficio de causas nobles, algo que siempre supuso para él, dotado de una humanidad notable, un extra de motivación personal.

Villaseca de la Sagra. Fotografía: Julio César Sánchez.

Y aunque sus actuaciones en las plazas de toros, con su colorido, su ambiente, y su seriedad, gozan de un atractivo especial indudable, no menos sugestivas han resultado las ocasiones en las que hemos podido disfrutar del toreo de Sánchez Puerto en la intimidad del campo.

Ganadería Hermanos Gallego. Fotografía Julio César Sánchez.

Estas han sido jornadas especiales. De disfrute vivo. Oportunidades en las que apreciar una ejecutoria natural que persigue trascender lo meramente bello.

Ganadería de Laurentino Carrascosa. Fotografía: Cristina Rubio.

Lo que ha continuado siendo una constante es la ya mentada lealtad a unas formas, a una manera de ser y de entender la tauromaquia, tanto en las plazas de toros como en las de tienta a las que en este momento nos referimos. Su fidelidad a un particular concepto del toreo que abordaremos a continuación.

Ganadería de Hato de Garro. Fotografía: Julio César Sánchez.

A lo largo de los últimos años, con una cabaña de lidia más afinada en cuanto a calidad, hemos saboreado del torero manchego en distintas ganaderías.

Ganadería de Cantinuevo.

Y es en estas ocasiones reducidas, de mayor intimidad, cuando se tiene la oportunidad de paladear el toreo de una manera distinta, de cerca, sintiendo la respiración tanto del torero como de las becerras o los novillos, atenuado –aunque no desaparecido– el peligro por la menor entidad de los oponentes, y con un más acusado grado de desinhibición.

Un deleite con sabor de otro tiempo.

Ganadería de Virgen María. Fotografía: Verónica Covisa.

Nótese la manera de alargar la embestida del novillo, que ya ha superado la jurisdicción del torero, quien a pesar de ello todavía no ha vaciado la embestida y la sigue llevando toreada. Fotografías: Julio César Sánchez. Este muletazo se recogió en la jornada de tentadero que compartieron Sánchez Puerto y Diego Urdiales a finales de 2016 en la finca Hato de Garro, en el Valle de Alcudia, el refugio campero de la familia De la Serna.

TOREO

Un aspecto irrenunciable en Antonio Sánchez Puerto a lo largo de su carrera es la fidelidad a un estilo, condimento que alimenta la expresión, nutre el núcleo de la personalidad del artista, y que corresponde a la forma expresiva del arte; el ropaje con el que el torero engalana sus evoluciones.

No cabe duda de que un pase de pecho es siempre un pase de pecho, y un natural será siempre, conceptualmente, un natural. Pero nada tienen que ver éstos ejecutados por toreros distintos.

El estilo de Sánchez Puerto entronca con aquel iniciado por Belmonte, el genio que mudó el epicentro del toreo a los brazos, en lugar del toreo de piernas imperante anterior a él.

Antonio buscó, desde sus comienzos, el clasicismo, absorbiendo su doctrina, sin que ello signifique ser antiguo, sino acorde a los cánones perdurables aceptados como fijos por la afición, y que pueden servir como modelo a seguir en todo tiempo futuro.

Sin embargo en Sánchez Puerto también se da lo romántico, entendido como la ejecución personal, espontánea y repentina, producto de la inspiración.

Llegado este momento, quizás encaje recordar que el arte, en abstracto, se erige en materia insuperable. En él no tiene lugar el progreso. Tan buen poeta es Lorca, Rubén Darío o Pablo Neruda. La diferencia radica en los gustos personales de quien lo aprecie. Pero el arte está ahí. De manera casi palpable. Porque las obras materializadas con destreza y habilidad humana son obras de arte, pero solo si las mismas están motivadas por el impulso del sentimiento adquieren la categoría de arte bello. Y el toreo, el bueno, rezuma sentimiento. En caso contrario se torna pura mecánica.

Tal y como afirmaron los intelectuales españoles de 1913 a Belmonte en un homenaje a él rendido:

> «Todas las artes son hermanas mellizas, y cuando el capote o la muleta son sustentados por manos como las de Juan Belmonte, son instrumentos de tan noble jerarquía como las plumas, los pinceles y los buriles, porque el género de belleza que crean es sublime».

Abundando en este comentario, cabría añadir que el toreo encabeza en rango a ciertas modalidades artísticas en un matiz diferenciador decisivo: el toreo es disciplina que no permite bosquejos ni borradores.

El torero, un día fijado, a una hora marcada, debe intentar crear arte enfrentándose a un animal fiero cuya intención es dañar su integridad física, cuando no causar su muerte.

Estos condicionantes lo convierten en una manifestación artística absolutamente diferenciadora.

Resulta curioso que alguien como Sánchez Puerto, quien en sus comienzos adoleció de los rudimentos prácticos necesarios para alcanzar el máximo rendimiento artístico frente a sus oponentes cornúpetas, se convirtiera, con el paso de los años, en profesor.

Sin embargo, tampoco deja de ser una consecuencia congruentemente lógica; quien ha sufrido privaciones, sean del tipo que sean, intenta, en la medida de lo posible, evitar volver a vivirlas, bien sea en carne propia o ajena.

Por ello, entre 1996 y 2012, durante su etapa como formador de toreros en la Escuela Taurina de El Espinar (Segovia), Antonio Sánchez Puerto

Gallardía en la apostura y firmeza de plantas a pesar de la colada del toro en la tarde de su confirmación de alternativa en Las Ventas. Fotografía: Herrera Piña.

intentó inculcar a sus alumnos los principios básicos necesarios para expresar su sentir con solvencia delante de un animal bravo.

En sus albores, el toreo de Sánchez Puerto no se alejó de lo clásico, aunque fuera más «alegre» que en su etapa de madurez posterior. Incluso banderilleaba, en un afán por conquistar el apoyo de los tendidos, haciéndose presente de modo protagonista en el recibo de capote, tercio de banderillas y el postrero de muleta.

En cambio, aquel fulgor inicial fue dejando paso a un toreo de mayor aplomo, desarrollando un porte taurino que le señaló como diferente en la igualdad.

El ciudarrealeño pronto interiorizó que lo que realmente le llenaba como artista era pasarse los toros por la taleguilla más cerca, más largo, más despacio. Para ello ajustó distancias de cite, alturas a la hora de reclamar la embestida de los toros con las telas, y armonizó el movimiento de brazos con las evoluciones de sus contrincantes, haciéndose valedor, en menor o mayor medida, de las tres virtudes cardinales del toreo, las cuales se fundamentan en Valor, Ciencia y Arte.

Valor, cualidad de la voluntad reflexiva que se erige como componente preciso para alcanzar el temple, la dilatación del tiempo y del viaje del antagonista, para conducir al ralentí las embestidas, consecución que requiere de un valor verdadero, lejos de los sucedáneos en forma de desplantes y trallazos que, en ocasiones, pueden confundirse con el genuino, y que sin embargo van más encaminados a emplear el menor tiempo posible viendo deslizarse los pitones por los muslos. El Valor auténtico debe ser una actitud. Si no es así, no pasa de bravuconada.

La posesión del Valor, además, permite la plasmación de la serenidad, consecuencia elocuente del mismo. No es alarde, sino quietud asentada en la sapiencia.

Antonio también logró conquistar la Ciencia, equiparable al oficio, que da acceso al dominio de la lidia. Y si la Ciencia persigue, básicamente, la eficacia, el fin del Arte es la Belleza.

El Arte, que se convierte en ingrediente fundamental en la melodía de la vida, y que acompañó a Antonio desde sus comienzos, para posteriormente convertirse en forma expresiva personal, sello propio, y cuyo fin se proyecta en la creación de belleza, en este caso, y como rasgo diferenciador definitorio, poniendo en juego la propia vida para su consecución.

De nuevo aludimos a Belmonte para recordar que, antes de él, el toreo era una actitud patética del hombre frente al toro. Después del Pasmo de Triana, cobra protagonismo, además, una actitud estética. Se suma, pues, el arte a la ciencia.

Sánchez Puerto, seguidor confeso de la estela belmontina, una vez recopiló los fundamentos integrales del toreo, forjó su sentimiento artístico mirando a los clásicos, seguro de que el pasado es fundamento del presente y del futuro.

Por ello siempre concibió el toreo con la pierna contraria adelantada, ofreciéndola al toro en su celo perseguidor de los engaños. Pero sin desplazar hacia fuera la embestida, ya que el toreo, siempre que sea posible, debe ser hacia dentro, en lo que en realidad supone una especie de cuadratura del círculo difícil de alcanzar. En cambio, como defendía el genio hispalense, en esa dificultad reside el mérito.

En este sentido siempre me llamó la atención una borrosa y sabrosa fotografía que data de los tiempos de novillero sin picadores de Sánchez Puerto.

En aquellos inicios, necesariamente imperfectos, ya se podía apreciar la práctica de uno de los fundamentos de mayor autenticidad de su toreo: la pierna contraria adelantada como eje insobornable, sin esconder los muslos, brindándosela a su oponente.

En su época de novillero sin picadores en la plaza toledana de Cebolla. Fotografía: Mateo.

Llegados a este punto, se hace pertinente hablar del toro, personaje coprotagonista, que permite, dificulta o imposibilita materializar esas obras de arte efímeras que son las faenas.

Se antoja ineludible hacer notar la evolución, perfectamente contrastada, en la selección llevada a cabo en los últimos lustros por los ganaderos.

El toreo tiene un argumento interno preñado de intriga que radica en la condición del toro. Esa es, categóricamente, la génesis del toreo.

En los años centrales de la carrera de Sánchez Puerto, mediados los años ochenta del siglo pasado, las embestidas, en términos generales aunque con excepciones que legitiman la norma, carecían del temple, la entrega y la calidad que hoy día con frecuencia ofrecen los ejemplares de gran parte de las vacadas de lidia.

Las caídas y la falta de celo eran exasperante moneda común. La humillación (condición por la cual el toro baja la cabeza y la mantiene en tal posición en busca de la tela en su viaje para atraparla) era circunstancia harto deseada pero no materializada en la medida actual, con lo que la ejecución del toreo se veía dificultada para toreros de corte clásico que intentaban torear (citar, templar y mandar) y no simplemente acompañar.

Y lo mismo cabe señalar en lo referente a la fijeza, circunstancia que proporciona confianza a todo aquel que se pone delante de un toro al mantener el bóvido la mirada fija en capotes y muletas.

Si Antonio quiso anunciarse junto a las figuras del momento fue, además de para tener el escaparate óptimo en el que mostrar su toreo, pues siempre fueron los carteles de figuras los que atrajeron mayor atención por parte de público, aficionados y prensa, también lo fue por disponer de la ocasión de enfrentarse a las corridas que más y mejor embestían y que, por ende, propiciaban en mayor medida la realización del toreo que el manchego llevaba dentro.

Y no diremos que Antonio Sánchez Puerto no se anunció al lado de las figuras de su tiempo; ahí están sus paseíllos con Antoñete, Yiyo, Manzanares, Paco Ojeda, Ortega Cano, Julio Robles, Roberto Domínguez, Ruiz Miguel, Paco Alcalde, Espartaco, Curro Vázquez, Dámaso González o Luis Francisco Esplá, por citar algunos, si bien estas ocasiones se producían con menor frecuencia de la deseada.

***

Embestidas sin entrega con las que a menudo se topó Sánchez Puerto a lo largo de su carrera. Fotografías: Julio César Sánchez.

Sánchez Puerto lanceando a la verónica en Las Ventas. Fotografía: Botán.

El volumen del toro que se lidiaba en los años 80 y 90 apenas ha variado; es decir, sigue siendo desproporcionado con recurrente frecuencia. Sin embargo, hay una diferencia notable.

En términos generales, mientras que en aquellos años el toro solía pararse pronto y/o carecer de la movilidad que permitiera su lidia conforme a los cánones imperantes, el actual, siendo igualmente voluminoso, ofrece un dinamismo mucho más acusado, y lo que es más significativo, una calidad en sus acometidas que a finales del pasado siglo no era fenómeno tan usual. De ahí que fuera común toparse con embestidas sin entrega, como la que muestra el ilustrativo lance de Sánchez Puerto en Las Ventas; el toro no trasluce clase, aunque sí la muestra la apostura del torero en su vestido bordado en azabache.

***

En el manejo de las telas, el manchego siempre sintió querencia al modo, y desechó la moda, decantándose por una forma atemporal de ejecutar el toreo (clasicismo hemos referido), a pesar de la falta de «apoyo social masivo» a esta forma de interpretar.

Con el capote gustó de lancear fundamentalmente a la verónica, llegando a plasmar esta suerte cenital con elegancia y profundidad, mentón hundido y yéndose detrás de la embestida, convencido de su ejecución, con el anhelo de torear con la mano de salida preferiblemente baja, sin ofrecer una «pantalla» que tape la visión del toro casi por completo.

Verónica por el pitón izquierdo a un toro de Jesús Trilla en junio de 1987.

Su manejo de las banderillas no pasó de episodio anecdótico en sus primeros años, por lo que no nos detendremos en este aspecto, dejando paso al toreo del último tercio, aquel que, con la llegada de Manolete, se convirtió en el eje gravitatorio de la lidia moderna.

El toreo de muleta de Sánchez Puerto radicó, como todo lo anterior, en la ortodoxia, si bien no desechó la concesión ocasional de suertes más heterodoxas, como puede ser el inicio de faena de muleta sentado en una silla que empezó a poner en práctica, según hemos referido, a partir de 1983, o sentado en la propia arena, como ocurrió en San Sebastián de los Reyes once años antes.

El toreo, en su generalidad, supone un ejercicio de acople entre un ser racional y otro que no lo es; la imantación del animal de lidia a unas telas toreras. Y para lograrlo entran en juego una serie de parámetros entre los que destacan la distancia de cite, la altura de colocación de la franela, el toque, el embarque, el embroque y el vaciado.

Tales aspectos vienen dictados por las características propias de cada oponente, siempre teniendo en cuenta que la unidad de medida de cada faena está en función de la condición del toro al que se enfrente el torero.

Cada embestida supone, por tanto, un estudio profundo e instantáneo de la misma, y requiere una adaptación pronta y brillante a sus particularidades con el fin de conseguir el deseado lucimiento artístico.

En el caso del torero manchego, perseguidor de la quimérica perfección en el toreo y magnífico torero imperfecto, la posición natural del cite muletero –y de capote– fue –y sigue siendo– dando el medio pecho, como ya destacaba Vidal en su crónica del 28 de marzo de 1977, es decir, militando aún en el escalafón de novilleros. El pecho también torea, acompañando la embestida sin contorsión.

Esta colocación, de importancia capital y distintiva (de ahí la insistencia sobre ella), surgió siempre de manera natural en él, sin necesidad

Dando los frentes en el cite, y más tarde, acompañando la embestida del toro con el

de concienciación. Y la misma, a pesar de la dificultad física, no le impidió vaciar la embestida hacia dentro, pues Sánchez Puerto siempre hizo gala de poseer un envidiable juego de muñeca (auténtico timón de la muleta) y de una cintura (ya apuntado por Vicente Zabala a inicios de 1987 en recuerdo de su salida a hombros de Las Ventas), cuya flexibilidad le ha facultado –cuando sus oponentes se lo han permitido– para conducir la acometida describiendo una circunferencia casi completa en torno al eje vertical que supone su cuerpo.

De este modo el muletazo se prolonga, pero sin desfigurar la estampa, es decir, sin doblarse ni encorvarse, dejando oportunidad a que el espectador «entre» en él, y surja su apreciación con el clásico «Ole» o el sentido «Bieeen».

Cuando los muletazos se ejecutan a mayor velocidad, no hay posibilidad material para tales expresiones. Simple y llanamente, no da tiempo a ello. Lo vemos en toda gran faena de corte artístico, en las que la conexión con los

pecho.
Derechazo del torero manchego en su confirmación de alternativa en Las Ventas, con su sello distintivo ya definido.

tendidos llega cuando el torero es capaz de prolongar con temple la ejecución de las suertes, cuando logra ralentizar la acometida del toro y lo obnubila con el trazo que dibuja su capote o muleta, volviendo su acometida más lenta.

Con la espada fue un héroe intermitente. A su mal uso se pueden achacar no pocos desencantos del torero de Cabezarrubias. Sin embargo, no deja de ser cierto que también cobró estocadas sobresalientes, como aquella recetada –y ya aludida– al primer toro de Victorino de 1989, por la que recibió varios premios del abono isidril, por mencionar tan solo una.

Fotografía: Herrera Piña.

***

En otro orden de cosas, resulta llamativo, y hasta cierto punto difícilmente comprensible, que la sapiencia taurina de toreros de otra época, como es el caso de quien protagoniza estas líneas, no sea aprovechada con mayor intensidad por los matadores de toros actuales.

Lo clásico nunca pasa de moda, permanece de forma imperecedera, ajeno a lo pasajero. Y los toreros que tuvieron curiosidad e interés por indagar, por avanzar en su tauromaquia, procuraron la compañía de toreros más antiguos que ellos, toreros con mensaje, de quienes poder absorber esa torería añeja, esas formas del pasado y de futuro.

Quien firma estas líneas se aventura a exhortar a esos toreros con inquietud artística y profesional para que absorban trazas, para que beban de fuentes de agua clara torera como lo es, entre otros, Antonio Sánchez Puerto. No aprovecharlas se antoja un dispendio imperdonable. Y el tiempo avanza inexorable, sin marcha atrás.

En este sentido citaremos, brevemente, el ejemplo a seguir que en nuestra opinión supone la curiosidad artística de Morante de la Puebla, excelso artista que en su momento quiso tener a su vera a otros grandes toreros, como Curro Vázquez, o como Rafael de Paula, aún a sabiendas de los desarreglos que supondría poner su carrera en manos del torero de Jerez, un genio en lo artístico pero poco ducho en asuntos de despacho, llegando Morante a estar contratado en dos plazas la misma tarde bajo su apoderamiento. O cuando instó a que Pepe Luis Vázquez, torero afín a su sentimiento de artista, le acompañara en varios paseíllos en 2017.

***

EL HILO, ÍNTIMO, DEL BUEN TOREO
Paco Aguado*

A torear no se aprende en los libros. Y menos aún a torear bien. El hilo invisible de la mejor tauromaquia, el de esa madeja que se viene devanando a lo largo de siglos, se transmite única y exclusivamente por tradición oral. Como la sabiduría de las culturas milenarias. Y siempre, siempre, de boca de los sabios de la tribu, de gurús y de chamanes, de esos guardianes del secreto que, casi por norma, permanecen en el anonimato para la mayoría, pero no para los iniciados.

Sucede también que, salvo muy raras excepciones, en la copiosa bibliografía taurina se puede encontrar al detalle toda la historia oficial, y oficialista, de la tauromaquia, el argumento manido y sucesivamente plagiado de quienes, con escasos datos en la mano o tapando los más incómodos con medias verdades, traducen la versión de los sucesivos grupos de poder, cuando no la de sus propios intereses dentro del entramado del negocio.

Pero, en realidad, la llama viva del toreo se alimenta de su intrahistoria, de ese íntimo y más fiel relato que apenas asoma a la luz pública ni está al alcance del aficionado conformista. Esa versión más digna de la realidad, y por tanto más intensa y sabrosa, es asunto únicamente de una selecta minoría de taurinos de base, no por ello obligatoriamente famosos ni triunfadores al uso, que a lo largo de todas las épocas son los únicos capacitados para transmitirla a unos pocos elegidos, y en ocasiones especiales. Exactamente, como sucede con la íntima sabiduría del toreo.

Siendo solo un muchacho, Antonio Sánchez Puerto fue uno de esos privilegiados, el afortunado oyente de uno de los reverenciados sabios de la tribu taurina. Pues fue en el santuario de «Hato de Garro», la finca de la campiña manchega del Valle de Alcudia a la que él acudía con su hatillo, donde pudo escuchar de viva voz las enseñanzas de un genio llamado Victoriano de la Serna, aquel que enervaba a las masas con su toreo desgarrado en los broncos años de la II República.

Ni aquellas primeras enseñanzas ni las posteriores de los herederos del maestro –las de sus hijos Victoriano y, especialmente, José Ignacio, que las aplicó en la práctica como elegante y efectivo banderillero– se le olvidarían nunca a aquel joven aspirante de Cabezarrubias del Puerto, marcado desde entonces con el hierro candente de la más honda y pura filosofía taurina, aplicable dentro y fuera de la plaza, de esta torera dinastía segoviana.

Encauzado ya por el camino más exigente y auténtico, Antonio amplió después sus miras y su oficio de la mano de nuevos doctores del toreo caro, como lo fue el siempre didáctico Manolo Escudero, otro genio de la verónica de manos bajas y muñecas sutiles. O de boca de aquellos viejos banderilleros que acompañaban a los aspirantes en los largos viajes por las áridas carreteras de la España profunda, ayudándoles más con sus acertados consejos que con sus ya escasos recursos delante de las destartaladas novilladas de los pueblos.

Porque entonces el toreo se hablaba. En los incómodos coches de cuadrillas con botijo en la baca, en las polvorientas fondas, en las tabernas de mostrador de zinc, en largos los tentaderos, en las calles, en los callejones... A falta de escuelas o de videos con los que imitar, y sin móviles en los que aislarse durante los viajes, el oficio se aprendía escuchando bien a los buenos profesionales: analizando y asimilando errores después de torear, en conversaciones íntimas entre toreros inquietos, en charlas de maestros sentenciosos y alumnos callados que descubrían también así la auténtica historia –la intrahistoria– del toreo, las vidas y las hazañas, no siempre ejemplares, de los antiguos referentes. Por aprender, se aprendía, y mucho, sentando en el tendido con la adecuada compañía y hasta observando al detalle, con buenos comentaristas, las polvorientas fotos de toros y toreros colgadas en las paredes de los bares.

Por propia voluntad y convencimiento, durante su larga maduración como novillero también así pudo Sánchez Puerto asumir ese clásico y estricto código ético y estético del toreo que nunca traicionó. Ni en sus inicios de los primeros 70, cuando le hubiera sido más cómodo tomar la senda del efectismo y la «sicodelia» postcordobesista, ni ya en los 80, en los más duros y lucidos años de matador de toros, frente a esas corridas tan poco agradecidas y aptas para su calidad a las que le relegó el siempre ciego y despectivo sistema empresarial. Ese que siempre aborreció de la íntima autenticidad del toreo trascendente.

Recibiendo el premio a la Mejor Estocada del San Isidro 1989.

Fue ya en esos primeros pasos, con el aprendizaje en aquella academia platónica, cuando comenzó a decantarse, como una inevitable consecuencia, la solera de su toreo: su sincera y mecida verónica, sus naturales de puro compás, su delicado manejo de los trastos, su remates hondos y pellizcados, el ritmo de taranta de cada tanda de muletazos... y hasta esos pases en la silla de enea que, al paso del tiempo, como los vinos añejos, también acabaron por consagrarle como uno de los grandes tejedores de ese otro hilo de Ariadna de la tauromaquia.

Sí, Antonio Sánchez Puerto es uno de esos sabios que, como perito en lunas, saben hacer y decir el toreo para suerte de otros grandes –¿verdad, Víctor?, ¿verdad, Diego?– que, como él en su momento, alguna vez tuvieron la ocasión de poder escuchar los secretos no escritos de un arte que, maestro a maestro, sigue pendiendo de un hilo eterno e irrompible.

* Paco Aguado es hijo de mozo de espadas, además de crítico taurino que ha colaborado en medios como Televisión Española, el semanario *6toros6* o, actualmente, en la Agencia EFE. Igualmente es autor de diversos títulos de temática taurina como *Joselito el Gallo. Rey de los toreros* (Espasa Calpe, 1999, y en edición ampliada El Paseo, 2020), *Por qué Morante* (Uno más 1, 2011), *Figuras del siglo XX* (Ediciones El Cruce, 2002), o *Historias del toreo que nunca te contaron* (Ediciones El Paseo, 2022), entre otros.

***

Terminaremos afirmando, sin miedo a marrar, que Antonio, Sánchez Puerto, sigue siendo y sintiéndose intensamente torero.

El ciudarrealeño lleva la pasión de torear profundamente cosida a su cuerpo; demasiado como para resignarse a abandonar capote y muleta, resistiéndose a vivir sin la ilusión por pegar un muletazo adelantando la pierna contraria con el mentón hundido en el pecho mientras ve pasar dos pitones por delante. Despacito. Muy despacito. Como es el toreo.

APUNTES DE PRENSA

[1] **02/05/1976. MADRID. Novillos de Jiménez Pasquau. Fernando Domínguez (palmas y silencio), Sánchez Puerto (oreja y ovación con doble saludo), Manuel Pardo (silencio en ambos).**

El País, **4 de marzo de 1976 (Joaquín Vidal)**

«Sánchez Puerto, todo un torero

Interesante novillada en Las Ventas

La actuación de Sánchez Puerto fue prometedora e interesante desde la primera verónica. Dio unos lances impecables, con media superior, y luego, en la brega, supo llevar al novillo con los capotazos justos, midiendo muy bien distancias y terrenos. Con la muleta, al segundo de la tarde, que era noble, le hizo una faena tan eficaz como variada, atemperada siempre a las condiciones de la res. Quizás le sobró encimismo. Sánchez Puerto toreó el domingo a ese novillo ahogándole la embestida, pero ése debe ser defecto heredado de tanta y tanta figura (de tanto figurón, diría más bien) que no sabe torear, porque lo que en realidad hace es robarle pases al toro. Es un defecto fácilmente corregible, mientras que lo difícil del oficio, por ejemplo el reposo –cabeza fría y corazón caliente–, el temple, eso demostró tenerlo de sobra Sánchez Puerto. Dio naturales, derechazos y pases de pecho finísimos y nos deleitó con unos ayudados a una y dos manos que eran más propios de un matador de toros consumado. Concluida la faena en el momento precisó en que el novillo le pidió la muerte, cobró una estocada magnífica, porque hizo muy bien la suerte, bajó la mano del engaño y cruzó con limpieza.

Pero aún más torero se mostró Sánchez Puerto en el quinto, que resultó difícil. Se dobló bien por bajo, mas aquellos muletazos no resolvieron nada. Quedó planteado el eterno problema de la lidia: quién manda en el ruedo. En el toreo no hay mando compartido: o manda el toro o manda el torero. La faena fue emocionante precisamente por esto, porque hubo lucha de poder a poder. El novillo, que tenía trapío, probaba las embestidas y metía la cabeza sin fijeza, no se entregaba jamás. Sánchez Puerto le citaba por ambos pitones, en distintos terrenos, no le perdía nunca la cara. Sin precipitaciones, con verdadero aplomo, le fue acorralando hasta que, ya en el centro del ruedo, consiguió un muletazo fundamental, un ayudado en el que se lio a su enemigo a la cintura, allí le quebrantó y allí se le entregó. En ese momento el que mandaba en la plaza era el torero y en ese momento justo vino la estocada, que esta vez quedó atravesada.

Lo de Sánchez Puerto el domingo fue desplegar la teoría del toreo, para asombro de quienes esperábamos ver, a lo sumo, algún detalle remotamente prometedor. Cuajará o no cuajará en figura este espada, pero es evidente que el toreo lo lleva en la cabeza».

La Hoja del Lunes, 5 de mayo de 1976.

«Si la fecha de ayer es importante en la historia de España, también lo es para la del toreo. En un 2 de mayo, el de 1914, se inició con Joselito y Belmonte lo que luego se ha llamado «Edad de Oro del Toreo»; en 1935, Rafael el Gallo, fuerza del consonante, en otro 2 de mayo, hizo una faena memorable en la plaza madrileña... Podíamos seguir con las efemérides gloriosas, pero el espacio manda; nuestro propósito con la evocación es sólo apuntar que otro dos de mayo, el de ayer, puede ser también importante..., ya que, en frase de Alberto Alonso Belmonte, debutó en las Ventas «un torero importante». Se llama el novel Sánchez Puerto, y aunque en los carteles no figura su patronímico, creo que es Antonio (un nuevo Antonio Sánchez en los ruedos) y ha nacido en Ciudad Real. Si en lugar de la capital manchega nos dicen que Sánchez Puerto es de Sevilla, Ronda o del mismo Puerto de Santa María, nos lo hubiéramos creído a pies juntillas. Tal fue el garbo, el gusto, el empaque y el sabor que el paisano de García Pavón supo imprimir a su quehacer. Desde que se abrió de capa para recibir a su primer toro hasta que se deshizo de su segundo de un descabello, todo cuanto hizo Sánchez Puerto fue importante».

² **04/06/1977. MADRID. Cinco novillos del Conde de la Maza y un sobrero de San Patricio (6°). Pedro Somolinos (silencio con aviso y silencio), Sánchez Puerto (silencio y ovación), Antonio Lozano (silencio en ambos). Sufrió una cornada muy grave el banderillero Víctor Sánchez, de la cuadrilla de Sánchez Puerto.**

El País, 5 de junio de 1977 (Joaquín Vidal)

«La sangre de un banderillero empapó la arena

Víctor Sánchez, herido muy grave en la segunda novillada de feria

Una tremenda sensación produjo la cornada que sufrió el banderillero Víctor Sánchez en el segundo de la tarde. La cogida no había sido espectacular. Pareció un achuchón y sólo eso. Correteaba el novillo por el ruedo, huido de los capotes en su mansedumbre, y llegó a la querencia de toriles, donde acometió al picador, para salir rebrincado en cuanto sintió el hierro. En su nueva escapada, Víctor Sánchez le ofreció el capote, abajo, para sujetarle, pero la fiera no aceptó el engaño y topó. Cornidelantero, el asta debió hendir, como puñalada seca, el cuerpo del torero. Cayó este y el novillo no le volvió a cornear, sino que se fue al revuelo de los quites y huyó, de nuevo, hacia otro terreno. Sánchez se levantó sin mirarse siquiera e incluso recogió el capote. Pero entonces un compañero, visiblemente horrorizado, le señaló el bajo vientre, por donde salía sangre a borbotones. El herido se tapó el boquete con la mano y corrió a tablas. Por el callejón, y hacia la puerta de la enfermería, se precipitaron médicos, monosabios, cuadrillas, empleados, y la plaza toda fue un grito cuando pudieron apreciarse el terno del torero –salmón y negro– y la arena, empapados en sangre. Y ésta es, acaso, la conclusión única –desde luego si es la que en verdad importa– de una novillada que resultó, de principio a fin, mansa y con peligro.

Sufrió una cornada muy grave el banderillero de Sánchez Puerto, Víctor Sánchez. La herida es en región inguino-crural, con destrozos en oblicuo mayor, y contusiona y diseca la femoral Shock traumático».

[3] **21/05/1978. MADRID (Vistalegre). Cinco toros de Román Sorando, y uno de La Jarilla (6º). Antonio José Galán (palmas y dos vueltas), Luis Francisco Esplá (vuelta y palmas), Sánchez Puerto, que tomaba la alternativa (oreja y vuelta).**

El País, **23 de mayo de 1978 (Jorge Laverón)**

«Alternativa esperanzadora de Sánchez Puerto
Sánchez Puerto ha llegado a la alternativa, tras una larga etapa en el escalafón inferior. No toreó mucho de novillero, pero logró adquirir un buen oficio y un toreo de calidad. Su paso a matador de toros es una puerta a la esperanza, toreros con personalidad, oficio y buen gusto, no abundan. En el toro de la alternativa, toreó aceptablemente a la verónica y dio media muy buena en el quite. El toro, manso declarado, saltó al callejón por terrenos del seis y llegó quebrantado a la muleta. Comenzó Sánchez Puerto de rodillas con dos ayudados por alto de añejo sabor; siguió de pie con un ayudado por bajo y el remate impecable del de pecho. Hizo una faena templada con la diestra, con detalles de buen gusto. No se acopló con la izquierda y pecó tal vez de frialdad y de ahogar la embestida al toro. Al sexto, manso y flojo, le realizó un trasteo eficaz de torero con oficio, mató con brevedad».

Lanza, **23 de mayo de 1978 (Manuel López Camarena)**

«Alternativa de Sánchez Puerto, de Cabezarrubias, en la plaza de toros de Vista Alegre (Carabanchel).

Y un nuevo matador de alternativa de la provincia de Ciudad Real. Porque el domingo, en el popular coso, recibió el doctorado en tauromaquia un novillero de Cabezarrubias, Sánchez Puerto, en el centro, desmonterado, terminando el paseíllo de la tarde que para él sería de triunfo.

Tarde amenazando lluvia. Algo menos de media entrada, sin duda por culpa del diluvio que cayó sobre Madrid durante toda la mañana. Cinco toros de Román Sorando y uno de La Jarilla, lidiado en sexto lugar.

(…)

Nuestro paisano Antonio Sánchez Puerto, de grana y oro, cortó una merecida oreja en el de su alternativa. Padrino fue Antonio José Galán y testigo Luis Francisco Esplá.

En el de su doctorado fue aplaudido en verónicas. Brindó la muerte de este toro a su hermano Víctor, hasta hace poco peón de confianza del nuevo matador. Comenzó por bajo con elegancia y sentido de lo que necesitaba su enemigo. Tres tandas de largos, profundos y sabrosos redondos. Está torero y entendiendo la lidia. Tanda de naturales elegantes, a veces tropezados porque el toro se va quedando y cabecea. Vuelve con la derecha y remata con desplante muy torero. Deja media en su sitio y descabella al primer Intento. Se pide, con fuerza, la oreja y es concedida. En el sexto, recuperó el lugar que le correspondía, se las vio con el galgo de «La Jarilla». Se dobla bien al iniciar su faena de muleta. Comienza a llover y el personal, nerviosillo, abandona, en parte, sus localidades. El toro, y esto no parece que lo entendiese Sánchez Puerto, tiene una fuerte querencia a los adentros, hasta el punto que todos los pases que Antonio inicia con esta querencia, le salen planchados y bien, mientras que los contrarios, hacia el platillo de la plaza, resultan embarullados y con la muleta enganchada. Sánchez Puerto se empeña en sacarle faena en el tercio, cosa que, lógicamente, no consigue. Claro, que esto es un problema de práctica que mejorará cuando, como le deseamos, lleve estoqueadas muchas corridas. Mata de pinchazo, casi entera atravesada y descabello. Ovación y vuelta. En resumen, presentación positiva y digna del nuevo matador.

P.D. Sánchez Puerto, paisanaje aparte, se ha ganado un puesto en las ferias de la provincia, aunque para ello tenga que caerse algún otro».

⁴ 28/08/1983. MADRID. Cinco toros de Pilar Población y uno de Cobaleda (6º). El Bormujano (silencio y palmas), Paco Aguilar (silencio y división), Sánchez Puerto (oreja y palmas).

El País, 28 de agosto de 1983 (Joaquín Vidal)

«Las corridas veraniegas tienen en Madrid bien merecida fama de bronquedad y dureza. Pero, a veces, en ellas resucita algún torero de escuela y se produce el feliz reencuentro con el arte de torear, como una brisa aromática y fresca que renueva los viciados aires de la actual tauromaquia. Ayer fue

Sánchez Puerto, torero de clase, el que provocó ese reencuentro, y los oles resonaban en el coso con cadencias de música celestial. Al público le supo deliciosa su primera faena, construida con acabada torería, sin un muletazo de más ni de menos, toda ella amalgamada mediante pases de exquisita factura, en perfecta ligazón. Desde los ayudados a dos manos con que la inició, sacando el toro a los medios, hasta los del epílogo, clavando la rodilla en tierra y reviviendo las mejores estampas del toreo clásico. Y entre ambos pilares de la faena, los redondos y naturales, adelante el engaño, prendiendo la embestida, templando el recorrido; los de pecho, hondos; los adornos, y toda esa teoría de remates en afarolado, en trinchera, en pases de la firma, en cambios de mano, que embellecen las suertes esenciales del toreo.

Le supo a delicia esta faena al público y los aficionados estaban conmovidos, agradeciendo en el alma este reencuentro con el arte, en pleno ferragosto taurino madrileño. Arte que se produjo también en los lances a la verónica, ejecutados con técnica y sentimiento, y en las medias verónicas belmontinas. Sánchez Puerto estaba inspiradísimo».

Lanza, 28 de agosto de 1983 (José Juan Ayala)

«El pasado domingo fuimos a los toros a Madrid. Toreaba Sánchez Puerto y nos encontrábamos en la obligación de ir a verlo en una tarde en la que se jugaba prácticamente todo. Había estado bien en Madrid el pasado día 7 y la empresa le dio otra oportunidad para conseguir un triunfo importante.

Mal se le pusieron las cosas a Sánchez Puerto para esta corrida, pues dos días antes, en Robledo de Chavela, sufrió un serio tirón muscular con rotura de fibras cuyo parte facultativo le obligaba a guardar un riguroso reposo. Gracias a sus ganas y a las modernas técnicas del doctor Hernández, médico traumatólogo de Madrid, se hizo posible que toreara el domingo. Y resolvió la tarde con la más codiciada ambición de un torero: una oreja en su esportón y la admiración de todos cuantos allí nos dimos cita.

Es incomprensible que un torero de arte que es capaz de hacer lo que el domingo hizo en Madrid, se quede sentado en su casa en todas las ferias de España. Y si esto es inconcebible, mucho más lo es que en la pasada feria de Ciudad Real, en su tierra, haya tenido que venir a una corrida fuera de abono y en fecha desacertada. Este no es el sitio de Sánchez Puerto, pues aparte de que merezca más o menos, es un torero que interesará al público en el momento que lo anuncien de acuerdo con sus calidades.

Aún quedan por celebrar algunas ferias en la provincia en las que no se ha contado con él. Todavía se está a tiempo de incluirlo. Es un torero que puede interesar a España entera. Y no es que yo eche las campanas al vuelo. Lo que digo lo hago con la autoridad de haberlo visto en Madrid con el sitio, las ganas de ser y la torería que presidieron todo su hacer».

[5] **15/08/1986. MADRID. Cuatro toros de Domínguez Camacho y dos de Murube (1º y 5º), y uno de Martínez Elizondo para rejones. Manili (ovación con saludos en ambos), Sánchez Puerto (oreja y oreja), Fernando Galindo (vuelta) y el rejoneador Leonardo Hernández (palmas).**

ABC, 15 de agosto de 1986 (Vicente Zabala)

«Violento y huido, muy fuerte y áspero. Así salió el segundo, que se colaba impresionantemente. Desarmó a Sánchez Puerto. El toro, por obra y gracia de una voltereta, perdió el gas inicial. Sánchez Puerto entendió muy bien a su enemigo en el último tercio. El astado se fue para arriba en banderillas, donde desarrolló sentido. Con el cornúpeta crecido y áspero, enjaretó tres series de apretados redondos, un ayudado por bajo de categoría, y otro de la misma factura por el izquierdo, rodilla en tierra, que tuvo usía. Lo mató de media estocada. Se pidió la oreja, que el presidente concedió. Con ella en la mano dio la vuelta al ruedo. En Sánchez Puerto se aprecia algo que le falta a la mayoría de los toreros de hoy, interpreta con gusto, acompaña con la cintura, y remata las series con garbo y estilo. Es diferente a los demás.

El torero manchego cortó como se puede cortar una oreja solamente con 20 pases. Ya estábamos hartos del cuento de los 200 muletazos.

(…) Otro toro de espléndida lámina fue el quinto de Domínguez Camacho (en realidad era de José Murube), un precioso ejemplar recibido por Sánchez Puerto con unas hermosas y apretadas verónicas. El animal exhibía escasa fuerza. Se le protestó con rabia. El diestro manchego se lo brindó a su sobrinillo que ocupaba una barrera. Empaque le echó a unos derechazos de figura erguida y muleta a media altura que calmaron todas las protestas. Bien de verdad toreó Sánchez Puerto, que corrió también la mano izquierda con hechuras de figura del toreo. Bonita y torerísima faena de muleta. Parece mentira que lleve toreado tan poco. Le hemos encontrado centrado, con un sitio tremendo, muy puesto. Remató su estupenda labor de un pinchazo y una estocada. La plaza se cuajó de pañuelos y el presidente le concedió el merecidísimo trofeo.

(…) Fuerte aldabonazo ha dado hoy Sánchez Puerto, no solo en las puertas de las Ventas, sino en el umbral de la casa Chopera. El acierto de haberle puesto en la monumental con una corrida buena, como fue la de Domínguez Camacho, debe ser refrendado ahora con un contrato de lujo para la Feria de Otoño. Falta le hacía a la fiesta un torero como éste. Ahora, Sánchez Puerto, no debe usted dejarse ir el tren una vez más. En esta ocasión lo ha cogido de nuevo y en categoría de primera clase».

El País, 15 de agosto de 1986 (Joaquín Vidal)

«Un toreo recio, hondo y dominador, toreo castellano en su mejor versión, hizo ayer Sánchez Puerto en la plaza de Las Ventas. Cortó una oreja en cada toro; salió a hombros por la puerta grande. Diez años llevaba el diestro manchego buscando esta oportunidad de triunfo, y otros diez la afición madrileña buena esperándola. La afición madrileña buena sabía de las calidades de Sánchez Puerto. Cuando se presentó de novillero en esta plaza en la primavera de 1976 ya dio la versión pura del mejor toreo castellano. De entonces acá toreó poco, los toros le embestían mal o, aún peor, no le embestían nada en absoluto. Exhibía detalles y la afición madrileña buena advertía en ellas el advenimiento, próximo o remoto del toreo total.

Ayer tampoco le embistieron bien los toros a Sánchez Puerto, en el sentido de la boyantía con que se encuentran cada tarde las figuras de las exclusivas. Le embistieron broncos como su primero, o manejables pero con media arrancada como el segundo. Y a ambos les hizo faena. Dos faenas distintas, perfectamente acopladas a las condiciones de cada res.

La que cuajó a su primero fue, con perdón, de maestro: ayudados para fijar a la fiera violenta, series en redondo pasándosela cerca, mandando y templando la brusquedad de las acometidas, unos ayudados a dos manos, otro rodilla en tierra. El público estaba en pie y le aclamaba. «¡Lo firmaría Domingo Ortega!», gritó un aficionado madrileño bueno.

En el otro toro dio ayudados por alto. Se recreó en los redondos, sacó naturales como el que saca petróleo pues ya el toro miraba alto, embestía corto y humillaba poco. De nuevo los ayudados hondos, un kikirikí, el pinchazo entrando a fe –que no resta puntos–, el estoconazo, el triunfo. «¡No hay toreros!», lamenta el tópico. ¿No los hay? Pues ahí están los de ayer, con ambición, técnica, valor y estilo.

Quizás ese sea el problema: que, si se les da paso, a ver qué hacen los exclusivistas con sus exclusivizados. Un Sánchez Puerto en franquía puede ser un peligro serio para todos ellos».

⁶ 15/09/1986. MADRID. Toros de Manolo González. Nimeño II (silencio en ambos), Sánchez Puerto (oreja y ovación con saludos), Morenito de Maracay (silencio y pitos).

El País, **15 de septiembre de 1986 (Joaquín Vidal)**

«El toreo auténtico de Sánchez Puerto

Sánchez Puerto salió a hombros por la puerta de Madrid el pasado 15 de agosto, y sólo le valió para torear dos corridas. En la de ayer cortó otra oreja e hizo el toreo que reconocen las tauromaquias como auténtico. A ver de qué le vale. Los taurinos son quienes menos valoran el toreo bueno, y sus artífices. En el caso de Sánchez Puerto hay un puñado de diestros a los que tienen condenados al ostracismo y, mientras unos cuantos pegapases torean cada año 60 corridas arriba, aburriendo al lucero del alba, cada uno con su

corte de inciensadores dedicada a mantenerlos en las posiciones de privilegio.
De unos alaban su finura; de otros, su maestría, ya ve usted.

Entretanto, diestros con el toreo metido en la cabeza y en el corazón,
visten de luces cuando les dejan, para estrellarse contra corridas imposibles.
Pero a veces se les presenta la oportunidad de interpretarlo, y pegan el
campanazo. Sánchez Puerto lo pegó ayer de nuevo. Bastó que le saliera un
toro boyante; lo demás corrió de su cuenta. Y no necesitaba inciensadores:
la afición de Madrid estaba allí, para cantar ¡oles! al toreo puro, que sabe
entender y le emociona.

Pase a pase, Sánchez Puerto aunaba maestría y finura para el redondo
y el natural; o el ayudado; o la trinchera y el pase de la firma. Pero aun
interpretándolos con garbo y hondura, mayor importancia tenía el conjunto de
la faena, su torerísima concepción, en la que amalgamaba técnica y repertorio.
Todas las suertes que ejecutó concertaban un curso de estilismo y a su vez
preparaban al toro para la muerte; que esa es la progresión dramática de la
lidia, cuando transcurre fiel a su significado esencial.

El quinto estaba cojo y se quedaba corto. Sánchez Puerto le instrumentó
unas tandas en redondo. Nada más era necesario. También ése es el toreo
auténtico; mucho más sobrio y bello que el insufrible destajismo a que nos
tienen acostumbrados los pegapases; esos que los inciensadores envuelven en
imaginadas volutas de finura y de maestría».

Lanza, 15 de septiembre de 1986 (Manuel López Camarena)

«Cuarta y última corrida de la Feria de Otoño en Madrid. Casi media
plaza. (…) Antonio Sánchez Puerto, segundo del cartel y aquí traído al final
para no distraer al lector, demostró que la fe que teníamos en él no era mo-
vida por el paisanaje y su valía personal. En todo momento estuvo torero y
dejó bien claro que sabe estar en la plaza y lo que hay que hacer en cada
momento, pese a las dificultades o características de cada toro. En su primero,
un buen toro, que no es lo mismo que un toro tonto, se hizo con los mandos
de la tarde con unas verónicas y media dibujadas y doce muletazos bien dados
y en el momento oportuno. Tras las primeras palmas fuertes, arrancadas con
los lances, de capa, se vio que iba a por la oreja y que no la dejaría escapar.

Con la muleta realizó un toreo tan serio, tan puro y tan perfecto que
es difícil verlo por esas plazas de Dios. Redondos jugando perfectamente
muñeca, cintura y muleta, trinchera «currorromerista», naturales de los que
entran cien en temporada; de pecho de pitón a rabo sacando al toro por donde
hay que sacarlo; ayudado y pase de la firma.

Amén de un desplante serio y nada circense. Ese es el torero y eso
es lo que no se ve y lo que no se valora como se debe, empezando por los
empresarios, que le firman contratos a los treinta pegapases que hay por ahí,
y dejan a estos torerazos más tirados que una colilla. No obstante, tras las tres
orejas de Antonio en estas corridas veraniegas en Las Ventas, esperamos que el

todopoderoso Chopera, un auténtico «negrero» de la tauromaquia, le dé cuartel en San Isidro y no en carteles de relleno, sino al lado de las figuras de moda. Mató de entera caída y cortó una oreja, que paseó entre auténticas ovaciones.

En el quinto, manso y con cierto peligro, Antonio estuvo más que decoroso. Estuvo, una vez más, torero. No perdió compostura ni papeles y lidió a su enemigo como debía hacerlo, sacándole incluso una serie de redondos buenos. El toro, que para colmo estaba cojo, se defendió mucho y pegó tornillazos como para quitarle a uno el corbatín.

Media caidilla entrando bien, Ovación y saludos desde el tercio. Bronca al palco por no devolver el cojo. Fuerte ovación para el torero cuando abandonó la plaza. ¡Y Canorea sin traerlo a Ciudad Real!».

[7] Entrevista *El País*, 2 de junio de 1987

«El diestro manchego Antonio Sánchez Puerto, que torea esta tarde en Las Ventas, se muestra dolido por tener que jugarse su temporada a una sola carta, cuando considera que tiene méritos para haber venido a la feria al menos en otra ocasión. «Por desgracia», dice, «la Fiesta sigue llena de injusticias y se siguen ganando demasiados contratos en los despachos, sin tener en cuenta los méritos de los toreros». El espada salió por la puerta grande de Las Ventas en agosto pasado, tras cortar dos orejas. Sin embargo, ese triunfo no le ha servido hasta ahora de mucho, de lo que se queja: «Entre los taurinos es tópica la frase de que un sonado éxito en Las Ventas te lanza al estrellato; pues no ha sido ése mi caso. En el mismo año sólo toreé tres corridas después de aquel triunfo, y en 1987 llevo únicamente dos. Está visto que si no perteneces a una de las casas grandes, no toreas».

El manchego reconoce, al menos, que el cartel de esta tarde es de los de lujo, tanto por los compañeros como por la ganadería, y añade que, al ser televisada en directo, toda España podrá ser testigo de su éxito si se produce. «Me lo juego todo a una carta», señala, «algo a lo que estoy acostumbrado. Espero que si vuelvo a triunfar los empresarios me tengan en cuenta a partir de ahora, porque si lo logro y tampoco me sirve para nada, es para dejarlo todo y marcharse. Aunque no van a conseguir aburrirme. Mi sino debe ser la lucha».

[8] 15/08/1987. GIJÓN. Seis toros de Arauz de Robles. Ruiz Miguel (oreja y aplausos), José Luis Galloso (dos orejas y vuelta), Sánchez Puerto (oreja y oreja). Sánchez Puerto resultó cogido y herido en el muslo derecho al entrar a matar al sexto de la tarde, de Pronóstico grave.

Lanza, 16 de agosto de 1987 (Manuel López Camarena)

«Creo que hemos hecho un buen trabajo». Con estas palabras trataba de explicar el desarrollo de la operación, a Sánchez Puerto, el cirujano jefe de la plaza de toros de Gijón, donde el torero manchego sufrió, ayer, una grave cornada en el muslo derecho. Su hermano, Víctor, en conversación mantenida con LANZA a las doce de la noche, mientras el torero comenzaba a despertar de la anestesia general, mostraba su esperanza de que todo se desarrollase bien, máxime tras la conversación mantenida con el médico que operó a Antonio Sánchez Puerto. Hubo unos momentos terribles, nos comentaba. «Yo vi las cosas muy mal, ya que cuando entraba en la enfermería, pese a que un banderillero le llevaba las manos metidas en la herida y taponaba la salida de sangre, aquello no se paraba. Ahora mismo no sé la sangre que le han puesto a mi hermano, pero ha sido mucha, mucha. Menos mal que, dentro de la gravedad que tiene, el cirujano nos ha dado esperanza de que todo va a ir bien y de que podría ser algo menos grave de lo que todos creíamos en principio.

Respecto al momento de la cogida, Víctor nos comentó que ocurrió al entrar a matar. Antonio le metió la espada hasta las cintas, pero el toro se hizo con él, a estilo del miura con Manolete, y lo sacó prendido. Había estado muy bien en el primero, pero en éste ya fue el acabóse. Quizá la mejor faena de toda la temporada. Había que matarlo de verdad y por eso se volcó en el morrillo. Esta faena, añadió, si la hace en Madrid, corta el rabo, y no lo digo yo, enfatizaba el hermano del torero, lo ha dicho el propio crítico de la Cadena SER, Manolo Molés».

⁹ **Parte médico de la cogida de Gijón, 15 de agosto de 1987**

«Gijón.- Tras hora y media de intervención, el cirujano jefe de la enfermería de la plaza de toros de Gijón, Inocencio Fernández, facilitó el siguiente parte médico de la grave cornada sufrida por el matador de toros manchego Antonio Sánchez Puerto: «Cornada en el tercio superior del muslo derecho con dos trayectorias, una ascendente de 20 centímetros hacia la fosa ilíaca sin penetrar en cavidad abdominal, y, otra de 10 centímetros que secciona el músculo sartorio y contusiona la arteria femoral por encima del nacimiento y desgarra la femoral superficial, afectando también la vena safena. Shock traumático. Pronóstico grave».

La intervención quirúrgica se realizó con anestesia general y tras salir del quirófano fue trasladado al Sanatorio de Begoña de Gijón».

¹⁰ **05/06/1989. MADRID. Toros de Victorino Martín. Ruiz Miguel (ovación y vuelta), Luis Francisco Esplá (silencio y ovación), Sánchez Puerto (petición con vuelta y vuelta).**

El País, **5 de junio de 1989 (Joaquín Vidal)**

«Sánchez Puerto aprovechó la embestida noble del tercer Victorino para ligar redondos con hondura y cadencia, y la boyantía del sexto, para bordar el toreo al natural. Un triunfo importante tuvo ayer al alcance de la mano

Sánchez Puerto, y se le escapó por falta de experiencia. Su error táctico con el Victorino boyante consistió en cortar las faenas para marcharse a contonear la pinturería, pues cuando regresaba de la Puerta del Sol, el toro ya estaba escarbando a la defensiva, y tenía que reemprender la tarea de encelar, fijar, templar. Aun así, Sánchez Puerto cuajó dos monumentales tandas de naturales, y si a ese toro lo llega a tumbar con el estoconazo sensacional que cobró en el anterior, arregla su temporada».

ABC, 5 de junio de 1989 (Vicente Zabala)

«Sánchez Puerto instrumentó los más bellos naturales de la isidrada. Así como suena. Lástima que toree tan poco. Por ello cayó en la tentación de echarse la muleta a la izquierda cuando ya había construido una torera faena por el pitón bueno al tercero, al que mató superiormente al volapié.

También por torear poco tardó un pelín en confiarse con el sexto, entreteniéndose una miajita en darse cuenta de que no se le podía quitar la muleta de la cara, pero cuando lo hizo, dibuja dos series maravillosas de naturales, corriendo la mano con las piernas entreabiertas. Echa el brazo atrás todo lo que da de sí. Y todo lo que da de sí la trae hacia delante, hacia el toro, y tira de él, natural, muy natural. El artista vence lo que de rural tiene este torero. El pase de pecho cierra los naturales, por tres veces. ¡Qué hermosura! Ahora sí se necesita el volapié del primero. Pero no encuentra los blandos. En cada pinchazo se deja un capacho de millones, la puerta grande, qué se yo… pero te llevas, muchacho, la alegría de haber dado los mejores naturales de la feria de San Isidro 1989. Como Cepeda ha dibujado las mejores verónicas. Eso ya no te lo va a quitar nadie. Y si los empresarios, todos los empresarios, fueran buenos aficionados, te darían la ocasión de romper de una vez, porque te lo mereces, torero».

Lanza, 5 de junio de 1989 (Victoriano Martín del Burgo)

«Cabezarrubias del Puerto tiene un torero

La afición de Ciudad Real tiene un torero grande. España entera lo pudo contemplar a través de las pantallas del televisor. Habiendo toreado mucho menos que las figuras que han venido a San Isidro y careciendo, por tanto, del sitio que da el torear, estuvo torero y lidiador ante una corrida de toros seria, de las que otros en la cumbre no quieren ni ver. Al primero que le tocó en suerte, un toro largo, descarado de cuerna, lo recibió a la verónica. Apretados lances que carecieron del sosiego necesario porque el astado apretaba y se revolvía. Dos varas larguísimas que ocasionan que el toro doble, aunque se repone y no vuelve a caerse durante la lidia. Estamos ante un toro, no se olvide. Inicia Antonio la faena por bajo, en tablas y el toro avisa colándose peligrosamente. Se lo lleva a los medios. Tres buenos muletazos. Otra colada. Sánchez Puerto da distancia a su enemigo, le deja reposar. Molesta el viento. Tres pases perfectos con la muleta en la derecha. Liga cadencioso el de pecho. El público aplaude porque lo que está viendo es meritorio. Es arte. Con la izquierda es imposible. Vuelve sobre la derecha con una tanda de factura impecable, corriendo la mano a la velocidad y en la distancia justa. El público se entrega. La estocada hay que apuntarla para el trofeo de la feria. En todo lo alto y hasta la bola. Rueda el toro. El torero pasea el ruedo en triunfo dando la vuelta, entre aclamaciones.

Pero es al que cerró plaza al que Antonio Sánchez Puerto realizó una faena de antología. El toro, de bella estampa, dio en la báscula 596 kilos, pero es lo de menos, ni se le notaba, aunque luego fuera en los caballos el que menos juego diera de la corrida. El ciudarrealeño recibe a la res sin que nadie la haya tocado. De los lances de recibo destaquemos dos verónicas. El toro va al caballo sin fijeza y recibe las varas sin empujar, cayéndose además. Tras brindar a Ruiz Miguel, momento que aplauden los tendidos, instrumenta el de Cabezarrubias unos doblones por bajo que gustan. Tanda de muletazos sobre la derecha y el de pecho. Escarba el toro. El torero con empaque y la muleta en la mano izquierda. Tres naturales imponentes, imborrables en el recuerdo.

El de pecho, colosal. El público entregado al arte que emana de la flámula de Sánchez Puerto. Su faena es justa, medida, artista, tiene la hondura que hace del toreo ese espectáculo incomparable. Los naturales de Sánchez Puerto yo diría que son sobrenaturales. Son dibujos en el espacio sobre el fondo rojo de las tablas que circundan el ruedo de las Ventas.

Los buenos aficionados degustan el arte del torero ciudarrealeño, lo paladean, se llenan de él porque no es pródiga esa manera de hacer el toreo y además ¡con toros! Qué pena que el estoque no acompañe en esta ocasión con la misma fortuna que lo hizo en el primero. Podrían haber sido dos orejas, la salida por la puerta grande y quién sabe si el triunfador de la feria. No tiene suerte Sánchez Puerto. Nosotros sí. Los aficionados que hemos presenciado el último espectáculo de la feria de San Isidro, aunque no se cortaran orejas, hemos tenido la suerte de ver una faena de las que no se olvidan. Aunque entrara tres veces a matar (muy por derecho las tres), los espectadores que abarrotaban los tendidos de Las Ventas obligaron al diestro a dar triunfal vuelta al ruedo. Nadie se iba de la plaza porque en la arena estaba saludando un TORERO y había que rendirle un tributo, tributo que, por otra parte, se lo ha ganado a pulso Antonio Sánchez Puerto a base de honradez, valor y arte, sobre todo mucho arte. No se cerró mal el ciclo isidril, todo lo contrario. Vimos toros, los de Victorino, y vimos toreros. No es poco. Y para los manchegos saber que tenemos un torero de muchos quilates».

[11] **18/08/1995. CIUDAD REAL. Toros de Peralta. Sánchez Puerto (ovación y dos orejas con petición de rabo), Pepín Liria (ovación en ambos), Víctor Puerto (dos orejas y ovación)**

Lanza, **18 de agosto de 1995 (Esperanza Santos)**

«La segunda corrida de feria no hubo tiempo para nada, para nada que no fuese estar pendiente del ruedo. Los nervios le jugaron una mala pasada a Antonio Sánchez Puerto en el toro que abrió plaza. Salió con ganas, lo recibió con una larga cambiada, comenzó la faena de muleta con unos ayudados por alto, pero no se terminó de confiar. Apuntó detalles del buen toreo tan característico del torero de Cabezarrubias del Puerto, pero el toro le desbordó.

La música del toreo

Las mismas ganas que le perjudicaron en el primero de su lote, le llevaron en volandas mientras daba dos clamorosas vueltas al ruedo tras cortar las dos orejas del cuarto toro. Fue una faena intensa y variada, en la que hubo de todo: arte, entrega tanto por parte del toro como del torero y emoción, una emoción intensa que acompañó la labor de Sánchez Puerto. Salió el cuarto de la tarde, un colorado ojo de perdiz de bonitas hechuras. Antonio se dobló bien de capa, toreó con gusto por verónicas. El toro era noble, pero no tonto, no permitía ningún fallo. Pero Antonio Sánchez Puerto no tuvo ninguno. Hubo ligazón, temple, suavidad, torería...

Comenzó de rodillas y, ya de pie, sonó la música del toreo. Cada muletazo iba acompañado de un «ole». Le dio sitio, le citó de lejos, toreó de fuera adentro, le bajó la mano, lo templó, instrumentó pases de pecho como mandan los cánones, de pitón a rabo, después llegaron los naturales, relajados al máximo, ya entregado toro y torero. Citó de frente, un estatuario, un cambiado por detrás. Verticalidad en los pases a pies juntos... Escuchó dos injustos avisos mientras se pedía el indulto del toro, y mató recibiendo de una espectacular estocada. En resumen: una faena de dos orejas y rabo, que el presidente se empeñó en que fuera sólo de dos».

La Tribuna de Ciudad Real, **18 de agosto de 1995 (Manuel López Camarena)**

«Qué torero se pierde la Fiesta

...Sánchez Puerto desarrolló todo el toreo serio, profundo y verdadero que lleva dentro y que ha hecho exclamar a más de un aficionado lo que sirve de titular a esta crónica: ¡Qué gran torero se pierde la Fiesta! Porque lo hecho ayer por nuestro paisano tiene el doble mérito de la calidad en sí y de que ésta es la segunda corrida que ha toreado este año. La faena fue cumbre».

[12] *Lanza*, **14 de agosto 1996 (Enrique Moya)**

«SÁNCHEZ PUERTO, GRAN AUSENTE DE ESTA FERIA

"Tengo la absoluta certeza de que han puesto precio a mi cabeza"

Antonio Sánchez Puerto, natural de Cabezarrubias del Puerto; matador de toros. Se venía rumoreando en los corrillos taurinos y la presentación de los carteles terminó de confirmarlo: el protagonista de una de las más bellas faenas que se recuerdan en el coso de nuestra capital no comparecerá ante su afición en la presente feria Y durante la charla que mantuvimos con él, se ofreció a desvelarnos el porqué de su no inclusión en los carteles, así como otras injusticias del toreo.

PREGUNTA.- Es obligado introducirnos en el túnel del tiempo y traer a la memoria esa faena que aún perdura en el recuerdo de los buenos aficionados. ¿Cómo fue tu faena al toro de Peralta?

RESPUESTA.- Fue una labor de menos a más, como todas las faenas importantes; después del tercio de varas, observé que el toro se quedó con una embestida larga y noble. Y con la muleta fui centrándome con él hasta ser feliz y hacer disfrutar a la gente. No soy un pegapases: hubo muletazos de 180 grados...

P.- De tu forma de responderme podemos inferir tu concepción del toreo. Y ¿qué es torear?

R.- Bonita pregunta. Para mí torear es la expresión personal del hombre frente a la fiera. Es poner la vida en juego por voluntad propia. El toro tiene que permitirlo, pero una cosa está clara, para torear bien lo tienen que parir a uno. Es cierto que el torero nace y se hace, pero el arte es intrínseco al ser humano y, por supuesto, al que se viste de luces.

P.- A lo largo de tu vida profesional, te habrás enfrentado a toros de muy diversas condiciones, mas seguro que habrá algunos que, por lo bueno o por lo malo, te hayan dejado huella.

R.- Los malos se olvidan pronto. De los que guardo un grato recuerdo podemos hablar del día que salí por la Puerta Grande de Madrid, del Victorino de Las Ventas o, sin ir más lejos, de la faena al Peralta del año pasado. Todos me dejaron una huella artística favorable.

P.- Trasladándonos de nuevo al presente y haciendo frente a la realidad, por dura que ésta sea, hemos de tocar un tema que quizá te haya hecho pasar más de una noche en vela. Los aficionados se preguntan y hacen cábalas sobre tu ausencia, ¿por qué razón no viene Sánchez Puerto a la feria de Ciudad Real?

R.- Según se están gestionando las cosas, tengo la absoluta certeza de que se ha puesto precio a mi cabeza como si de la mafia siciliana se tratara, provocado, claro está, por la empresa, influidos por alguien sin escrúpulos y aceptado por las autoridades con responsabilidad en cuanto a la confección de los carteles.

El torero está caliente y se explaya, dejándonos claro que no precisa de ningún tipo de conmiseración por ser el único matador de toros en Ciudad Real.

R.- No se puede hacer uso de menos dignidad. Me querían contratar avasallando mi dignidad profesional, con un cartel y un dinero no correcto para un triunfador. Me ofrecían menos dinero que el año pasado. Así pues, a Canorea se le ha acabado el argumento digno para no contratarme en Ciudad Real. No quiero ejercer de torero local, aunque me sienta muy orgulloso de ser de Cabezarrubias del Puerto. Soy torero, y mi prestigio, poco o mucho, según me valoren, me lo he ganado a pulso en la plaza con capote, muleta y espada, y dos cosas más que he tenido que echarle al toro para ser lo que soy; y si se torea con arte, mi estilo, más mérito.

P.- Hace dos años, y además lo vio toda España, cortaste las orejas en la corrida de Beneficencia. Este año tampoco has comparecido en la misma. ¿A qué causa se debe esto?

R.- Yo todavía no la conozco. Canorea me ha dejado de poner en la Beneficencia sin causa. Hace un par de años corté dos orejas: ¿por qué romper el hilo de triunfos de un torero de Ciudad Real? Todo el mundo traga y calla. Además, este señor sigue envenenando el gusto e interés de muchos señores míos, avasallando mi dignidad profesional sin argumento válido.

P.- Como persona, como manchego y como torero, ¿qué sientes al ver pegar los carteles de tu tierra y tú no estar anunciado en ellos?

R.- Me duele no estar en una feria que considero como mía, pero estoy sorprendido de que, sin comerlo ni beberlo, te encuentres con enemigos que destruyen tu carrera. Yo, el único pecado que cometí, fue torear bien. De Ciudad Real, tardará tiempo en salir otro que se parezca a mí. Mejor imposible.

P.- ¿Y tú qué crees que pensará la afición de todo este barullo de despachos?

R.- Se cachondean de la afición: el club taurino de Ciudad Real me proclamó triunfador de la pasada feria por una faena a un Peralta; prensa y aficionados fueron unánimes en considerar mi faena como memorable. Toreé con entrega y sentimiento, aunque no todo el mundo tiene la virtud de saber lo que es el arte de torear, y quizá no valoró en su medida la faena. Yo también me pregunto qué pensará la afición: que se están cachondeando de ella.

P.- Hablemos de cosas más generales. Como aficionado y como matador de toros, ¿cómo ves a las puertas del siglo XXI el presente y el futuro de la Fiesta?

R.- Se hace y se cuece en los despachos, sin contar con el aficionado. El gran público, si anunciaran en TV un ladrillo vestido de torero, iría a verlo. Pero hay un aficionado, un entendido, que se fija en el toreo, va a ver al hombre que crea arte y debería exigir otros nombres que no están puestos y consecuentemente, torean menos.

P.- En Ciudad Real, la suerte de la Fiesta corre paralela al resto de España, pero ¿en qué se diferencia del resto?

R.- Ni el queso, ni el vino manchego tienen la verdadera consideración que les corresponde. Ciudad Real ha de hacer una valoración de sus productos; y de lo contrario, siempre será una provincia en decadencia y nunca la valorarán. Y en el toreo ocurre lo mismo. El aficionado ha de imponer seriedad. Ciudad Real es una plaza sin personalidad por la sencilla razón que no se la dan quienes la dirigen.

P.- Este año no has vestido muchas tardes el traje de torear. Coméntanos tu temporada actual. ¿Irás pronto a Madrid?

R- En la capital de España me han ofrecido torear, porque allí me quieren mucho y me respetan, pero con toros de pocas garantías. En Villanueva de Córdoba corté tres orejas y me sentí a gusto delante de la cara del toro. Sin embargo, no pienso en grandes extensiones de terreno. Con un buen jamón, un buen queso y un buen vino de mi tierra en la despensa, soy feliz, y para eso gano todos los años.

P.- Para terminar, ponte delante de un espejo y dinos, quién es y quién ha sido Sánchez Puerto como torero a lo largo de los años.

R.- Mi carrera ha estado regida por no traicionar mi estilo propio, artista, sin fantochadas ni payasadas.

P.- Cuando Sánchez Puerto torea, lo puede hacer como el mejor; sentada la anterior premisa, ¿qué te ha faltado para ser figura?

R.- Suerte. Cuando se torea bien, que no está al alcance de cualquiera, y no tienes la suerte de redondear las tardes decisivas, pasas a ser un obstáculo para compañeros con fuerza. Los intereses te zancadillean. Puedes ser molesto haciendo tu labor en la plaza, ya que dejarías descubiertos a otros toreros.

P.- Que la diosa Fortuna se acuerde de ti. ¡Suerte, maestro!».

FUENTES Y BIBLIOGRAFÍA

ABELLA, Carlos: *De Manolete a José Tomás*, Madrid, Alianza Editorial, 2006.

ACEBAL, Edmundo G.: *Joselito y Belmonte*, Madrid, Ediciones Los de José y Juanrid, 1961.

ACEVEDO, Álvaro: *Cuadernos de Tauromaquia*, Sevilla.

AGUADO, Paco: *El Rey de los toreros. Joselito El Gallo*, Madrid, Espasa, 1999.

ALAMEDA, José: *El hilo del toreo*, Madrid, Espasa Calpe, 1989.

AMORÓS, Andrés: *Enrique Ponce; un torero para la historia*, Madrid, La Esfera de los Libros, 2013.

—: *Luis Miguel Dominguín: el número uno*, Madrid, La Esfera de los Libros, 2008.

CHAVES NOGALES, Manuel: *Juan Belmonte: matador de toros*, Madrid, Alianza Editorial, 1998.

DELGADO DE LA CÁMARA, Domingo: *Revisión del Toreo*, Madrid, Alianza Editorial, 2002.

Diario *ABC*.

Diario *El País*.

Diario *Lanza* / www.lanzadigital.com.

Diario *La Tribuna de Ciudad Real*.

Diario 16.

GREGORIO, Vicente de: *José Ruiz «Calatraveño». A sangre y fuego*, Ciudad Real, Diputación Provincial, 2003.

—: *Cuarenta años de toreo. Historia taurina de Almodóvar del Campo*, Puertollano, Ediciones C&G, 2016.

HERVÁS, Manuel: *Ciudad Real. Historial taurino*, CiudadReal, Biblioteca de Autores Manchegos, 2013.

La Hoja del Lunes, 1925-1983.

MARTÍN DE BLAS, José Miguel: *Tiempo de Toros*, Madrid, Espasa, 2012.

RAMÓN, José Luis: *Todas las suertes por sus maestros*, Madrid, Espasa, 1999.

Revista *6toros6*, 1991-2020. Madrid.

Revista *Taurodelta*, julio 2013.

SANTIAGO, Alfonso: *Memoria de los 80*, Madrid, Círculo Rojo, 2017.

Semanario *Aplausos*, 1982. Valencia.

Semanario *El Ruedo*, 1944-1976.

www.opinionytoros.com

ZABALA, Vicente: *Tiempo de Esperanza ante la temporada taurina 1987, Madrid, Espasa Calpe, 1987.*